नीरज के प्रेमगीत

गोपालदास नीरज

संपादक

अशोक 'अंजुम'

ISBN—978-81-7016-647-4

प्रकाशक
किताबघर प्रकाशन
4855-56/24, अंसारी रोड, दरियागंज
नयी दिल्ली-110002

पेपरबैक संस्करण
2018

आवरण
इमरोज़

मूल्य
एक सौ चालीस रुपये

मुद्रक
बी०के० ऑफसेट
नवीन शाहदरा, दिल्ली-110032

NEERAJ KE PREM GEET *(Songs in Hindi)*
by Gopal Das Neeraj
Ed. by Ashok 'Anjum'
Price : ₹ 140 (Paperback Edition)

गीत-क्रम

नीरज के प्रेमगीत

किताबघर प्रकाशन
नयी दिल्ली

आदमी को आदमी बनाने के लिए
ज़िंदगी में प्यार की कहानी चाहिए,
और कहने के लिए कहानी प्यार की
स्याही नहीं, आँखों वाला पानी चाहिए।

प्यार की कहानी चाहिए

आदमी को आदमी बनाने के लिए
ज़िंदगी में प्यार की कहानी चाहिए
और कहने के लिए कहानी प्यार की
स्याही नहीं, आँखों वाला पानी चाहिए।

जो भी कुछ लुटा रहे हो तुम यहाँ
वो ही बस तुम्हारे साथ जाएगा,
जो छुपा के रक्खा है तिजोरी में
वो तो धन न कोई काम आएगा,
सोने का यह रंग छूट जाना है
हर किसी का संग छूट जाना है,
आख़िरी सफ़र के इंतज़ाम के लिए
जेब भी कफ़न में इक लगानी चाहिए।

रागिनी है एक प्यार की
ज़िंदगी कि जिसका नाम है
गाके गर कटे तो है सुबह
रोके गर कटे तो शाम है
शब्द और ज्ञान व्यर्थ है
पूजा-पाठ ध्यान व्यर्थ है
आँसुओं को गीतों में बदलने के लिए
लौ किसी यार से लगानी चाहिए।

जो दुखों में मुस्करा दिया
वो तो इक गुलाब बन गया
दूसरों के हक़ में जो मिटा
प्यार की किताब बन गया,
आग और अंगारा भूल जा
तेग़ और दुधारा भूल जा
दर्द को मशाल में बदलने के लिए
अपनी सब जवानी ख़ुद जलानी चाहिए।

दर्द गर किसी का तेरे पास है
वो खुदा तेरे बहुत क़रीब है
प्यार का जो रस नहीं है आँखों में
कैसा हो अमीर तू ग़रीब है
खाता और बही तो रे बहाना है
चैक और सही तो रे बहाना है
सच्ची साख मंडी में कमाने के लिए
दिल की कोई हुंडी भी भुनानी चाहिए।
आदमी को आदमी बनाने के लिए
ज़िंदगी में प्यार की कहानी चाहिए।

वाणी अभिशापित होती है

आँखें होने पर भी जिसको सुंदरता से प्यार नहीं है
मानो मत मानो उस कवि की वाणी अभिशापित होती है।
चढ़ा न जिस पर नशा प्यार का
वो जी कर भी नहीं जिया है,
सम्मुख अमृत-घट रखकर भी
उसने केवल ज़हर पिया है,
रूप-रंग-रस का सागर जग, मुक्ता-युक्ति इसी तल में हैं
इसे नकारें हम तो सारी रचना अपमानित होती है।
काम-वाम को कोस-कोस कर
जिसकी रात हुई हो काली
सच मानो वह मूढ़ स्वयम् के
मात-पिता को देता गाली,
जिसने कहा कि प्रेम पाप है, और कामिनी राह नर्क की,
सुनकर उसकी बात प्रकृति क्या, सारी सृष्टि चकित होती है।
प्रेम-कनी जब तक न तराशे
हीरा हो अनमोल, न हीरा,
सूली ऊपर सेज बिछी जब
मीरा तभी बनी थी मीरा
मन को बिंधने दो फूलों से, तन को छिदने दो शूलों से,
उतना और उजाला होता जितनी लौ पीड़ित होती है।

मैं क्यों प्यार किया करता हूँ!

मैं क्यों प्यार किया करता हूँ !
सर्वस देकर मौन रुदन का क्यों व्यापार किया करता हूँ ?

भूल सकूँ जग की दुर्घातें उसकी स्मृति में खोकर ही,
जीवन का कल्मष धो डालूँ अपने नयनों से रोकर ही,
इसीलिए तो उर-अरमानों को मैं छार किया करता हूँ।
मैं क्यों प्यार किया करता हूँ !

कहता जग पागल मुझसे पर पागलपन मेरा मधु प्याला,
अश्रु-धार है मेरी मदिरा उर-ज्वाला मेरी मधुशाला,
इससे जग की मधुशाला का मैं परिहार किया करता हूँ।
मैं क्यों प्यार किया करता हूँ !

करले जग मुझसे मन की पर मैं अपनेपन में दीवाना,
चिंता करता नहीं दुःखों की मैं जलने वाला परवाना,
अरे ! इसी से सारपूर्ण-जीवन निस्सार किया करता हूँ।
मैं क्यों प्यार किया करता हूँ !

उसके बंधन में बँधकर ही दो क्षण जीवन का सुख पालूँ,
और न उच्छृंखल हो पाऊँ मानस-सागर को मथ डालूँ,
इसीलिए तो प्रणय-बंधनों का सत्कार किया करता हूँ !
मैं क्यों प्यार किया करता हूँ !

चाँदनी में घोला जाए···

चाँदनी में घोला जाए फूलों का शबाब,
उसमें फिर मिलाई जाए थोड़ी-सी शराब,
होगा यूँ नशा जो तैयार—वह प्यार है,
वह प्यार है।

आधी रात जुहू पर उतर
कर रहा हो चाँद जब मुक़ाम,
और वहीं टहल रहे हों फूल,
तितलियों की गोरी बाँहें थाम,
ऐसे वक़्त आता है जो ज्वार—वह प्यार है,
वह प्यार है।

लेके हाथ दर्द की क़लम,
आँसुओं में ख़्वाब घोल-घोल,
लिख रही हो पाती पी के नाम,
जब कोई कली लटों को खोल,
तब जो छेड़ता है दिल के तार—वह प्यार है,
वह प्यार है।

आईने को सामने बिठा,
अबरुओं की तेज़ करके धार,
अपने से ही करके आँखें चार,

अपने हुस्न पर हो ख़ुद निसार,
मुस्कुराता है जो बार-बार—वह प्यार है,
वह प्यार है।

लड़खड़ाते हों उमर के पाँव,
जब न कोई दे सफ़र में साथ,
बुझ गए हों राह के चिराग़
और सब तरफ़ हो काली रात,
तब जो चुनता है डगर के ख़ार—वह प्यार है,
वह प्यार है।

जब हों चुप ज़मीनो-आसमान,
गुनगुनाती हो न कोई बीन,
सर किसी मज़ार पर टिका,
रो रही हो ज़िंदगी हसीन,
तब जो बनके आता है करार—वह प्यार है,
वह प्यार है।

प्यार लुटाता चल

इसको भी अपनाता चल,
उसको भी अपनाता चल,
राही हैं सब एक डगर के, सब पर प्यार लुटाता चल।

बिना प्यार के चले न कोई आँधी हो या पानी हो,
नई उमर की चुनरी हो या कमरी फटी-पुरानी हो,
तपे प्रेम के लिए धरित्री, जले प्रेम के लिए दिया,
कौन हृदय है नहीं प्यार की जिसने पढ़ी कहानी हो।
तट-तट रास रचाता चल,
पनघट-पनघट गाता चल,
प्यासी है हर गागर, दृगों का गंगाजल छलकाता चल।
राही हैं सब एक डगर के, सब पर प्यार लुटाता चल।।

कोई नहीं पराया, सारी धरती एक बसेरा है,
इसका ख़ेमा पश्चिम में तो उसका पूरब डेरा है,
श्वेत बरन या श्याम बरन हो, सुंदर या कि असुंदर हो
सभी मछरियाँ एक ताल की, क्या मेरा क्या तेरा है ?
गलियाँ-गाँव गुँजाता चल,
पथ-पथ फूल बिछाता चल,
हर दरवाज़ा राम-दुआरा सबको शीश झुकाता चल।
राही हैं सब एक डगर के, सब पर प्यार लुटाता चल।।

हृदय-हृदय के बीच खाइयाँ, लहू बिछा मैदानों में,
घूम रहे हैं युद्ध सड़क पर, शांति छिपी श्मशानों में,
ज़ंजीरें कट गईं, मगर आज़ाद नहीं इंसान अभी
दुनिया भर की ख़ुशी क़ैद है चाँदी जड़े मकानों में,
सोई किरन जगाता चल,
रूठी सुबह मनाता चल,
प्यार नक़ाबों में न बंद हो हर घूँघट खिसकाता चल।
राही हैं सब एक डगर के, सब पर प्यार लुटाता चल।।
नयन-नयन तरसें सपनों को, आँचल तरसें फूलों को,
आँगन तरसें त्यौहारों को, गलियाँ तरसें झूलों को,
किसी होंठ पर बजे न वंशी, किसी हाथ में बीन नहीं,
उम्र समुंदर की दे डाली किसने चंद बबूलों को ?
बिखरे तार मिलाता चल,
समतल धरा बनाता चल,
इकरंग बने दुरंगी दुनिया ऐसा रंग उड़ाता चल।
राही हैं सब एक डगर के, सब पर प्यार लुटाता चल।।

बिका-बिकी सब ओर मची है आने औ' दो आनों पर,
अस्मत बिके दुराहों पर तो प्यार बिके दूकानों पर,
डगर-डगर पर मंदिर-मस्जिद, क़दम-क़दम पर गुरुद्वारे,
भगवानों की बस्ती में है ज़ुल्म बहुत इंसानों पर,
खिड़की हर खुलवाता चल,
साँकल हर कटवाता चल,
इस पर भी रोशनी न हो तो दिल का दिया जलाता चल।
राही हैं सब एक डगर के, सब पर प्यार लुटाता चल।।

इधर कफ़न तक नहीं लाश पर, उधर नुमायश रेशम की,
यहाँ स्वयंवर करे चाँदनी, वहाँ न रात कटे ग़म की,
धरती कंकड़ पत्थर मारे, अंबर उगले अंगारे,
कोई पूछे बात न इक बगिया में दुखिया शबनम की,

सुख को उमर बढ़ाता चल,
दुख को कफ़न उढ़ाता चल,
मिले जहाँ भी महल उसे कुटियों के पास बुलाता चल।
राही हैं सब एक डगर के, सब पर प्यार लुटाता चल।।

रंग-बिरंगी दुनिया तो यह रेशम वाली साड़ी है,
जनम कि जिसका पल्ला-गोटा,मरण कि छोर-किनारी है,
कोई पहने इसे प्यार से, कोई ओढ़े पछताकर,
चमक न इसकी घटी गई गो लाखों बार उतारी है,
और इसे चमकाता चल,
पल-पल नई बनाता चल,
फिर भी रँग इस पर न चढ़े तो अपना रक्त चढ़ाता चल,
राही हैं सब एक डगर के, सब पर प्यार लुटाता चल।।

हर मौसम सुख का मौसम है

चाहे बरसे जेठ अँगारे
या पतझर हर फूल उतारे,
अगर हवा में प्यार घुला है,
हर मौसम सुख का मौसम है !

कितनी ही कमबख़्त रात हो
दीपक सुबह बुला लाता है,
एक कली की अँगड़ाई से
सारा बाग़ महक जाता है,

कंकड़-काँटों भरी डगर हो,
या प्याले में भरा ज़हर हो
पीड़ा जिसकी पटरानी है
उसकी हर मुश्किल मरहम है !
चाहे बरसे जेठ अंगारे
या पतझर हर फूल उतारे

भीतर से रँग जाए न जब तक
आवारा मिट्टी की चोली,
पिचकारी है तब तक गाली
होली है बेशर्म ठिठोली,

काबा जाओ, काशी जाओ
गंगा में डुबकियाँ लगाओ,
दिल का देवालय गंदा तो
फंदा सारा धरम-करम है !
चाहे बरसे जेठ अँगारे
या पतझर हर फूल उतारे···

रँग-रोगन कर देने भर से
नया न होता भवन पुराना,
सिर्फ़ ग़रीबी का मज़ाक है
साड़ी में पैवंद लगाना,

गली-गली में दिया जलाओ
बंजर-बंजर फ़सल उगाओ
नफ़रत जब तक राज कर रही
सब का सब सरगम मातम है !
चाहे बरसे जेठ अँगारे
या पतझर हर फूल उतारे···

जिसके पास शब्द हैं जितने
उतना उससे अर्थ दूर है,
पट-घूँघट का नहीं, रूप तो
आत्मा का जलता कपूर है,

नारों से मत अधिक पुकारो,
साड़ी-कुर्ते ही न सँवारो,
उसको दो आवाज़ कि जिसका
दर्द दिया, आँसू शबनम है
चाहे बरसे जेठ अँगारे
या पतझर हर फूल उतारे···

दुनिया क्या है एक वहम है
शबनम में मोती होने का,
और ज़िंदगानी है जैसे
पीतल पर पानी सोने का

किंतु प्यार यदि साथ सफ़र में
तो सचमुच इस मृत्यु-नगर में
शाम सुबह की एक क़सम है,
मरण मनुज का नया जनम है !
चाहे बरसे जेठ अँगारे
या पतझर हर फूल उतारे
अगर हवा में प्यार घुला है
हर मौसम सुख का मौसम है !

आँसू जब सम्मानित होंगे

आँसू जब सम्मानित होंगे मुझको याद किया जाएगा।
जहाँ प्रेम का चर्चा होगा मेरा नाम लिया जाएगा।।

मान-पत्र मैं नहीं लिख सका
राजभवन के सम्मानों का
मैं तो आशिक़ रहा जनम से
सुंदरता के दीवानों का
लेकिन था मालूम नहीं ये
केवल इस ग़लती के कारण
सारी उम्र भटकने वाला
मुझको शाप दिया जाएगा।
आँसू जब सम्मानित होंगे।

खिलने को तैयार नहीं थी
तुलसी भी जिनके आँगन में
मैंने भर भर दिए सितारे
उनके मटमैले दामन में
पीड़ा के सँग रास रचाया
आँख भरी तो झूमके गाया
जैसे मैं जी लिया किसी से
क्या इस तरह जिया जाएगा।
आँसू जब सम्मानित होंगे।

काजल और कटाक्षों पर तो
रीझ रही थी दुनिया सारी
मैंने किंतु बरसने वाली
आँखों की आरती उतारी
रंग उड़ गए सब सतरंगी
तार तार हर साँस हो गई
फटा हुआ यह कुर्ता अब तो
ज़्यादा नहीं सिंया जाएगा।
आँसू जब सम्मानित होंगे।

जब भी कोई सपना टूटा
मेरी आँख वहाँ बरसी है
तड़पा हूँ मैं जब भी कोई
मछली पानी को तरसी है,
गीत दर्द का पहला बेटा
दुख है उसका खेल खिलौना
कविता तंब मीरा होगी
जब हँसकर ज़हर पिया जाएगा।
आँसू जब सम्मानित होंगे।

अपनी बानी प्रेम की बानी

अपनी बानी प्रेम की बानी
घर समझे न गली समझे
या इसे नंद-लला समझे जी,
या इसे बृज की लली समझे !

हिंदी नहीं यह, उर्दू नहीं यह।
है यह पिया की क़सम,
इसकी सियाही आँखों का पानी,
दर्द की इसकी क़लम,
लागे किसी को मिसरी-सी मीठी
कोई नमक की डली समझे !
अपनी बानी प्रेम की बानी···

इसकी अदा पर मर गई मीरा,
मोहे दास कबीर,
अँधरे सूर को आँखें मिल गईं
खाकर इसका तीर,
चोट लगे तो कली समझे इसे
सूली चढ़े तो अली समझे।
अपनी बानी प्रेम की बानी···

बोली यही तो बोले पपीहा
घुमड़ें कि जब घनश्याम,

जल जाए दीपक पै पतंगा
लेके इसी का नाम,
पंछी इसे असली समझे पर
पिंजरा इसे नकली समझे !
अपनी बानी प्रेम की बानी···

सूरज की गर्मी, चंदा की ठंडक,
इसमें अनंत वसंत,
अपढ़ पढ़े बन जाए पंडित,
ज्ञानी पढ़े हो संत,
बिन नैया के पार हुए वे
इसको जो मुक्ति-गली समझें !
अपनी बानी प्रेम की बानी···

जिसने इसे होंठों पै बिठाया,
हो गया वह बेदीन,
तड़पा उमर-भर ऐसे कि जैसे
तड़पे बिना जल मीन,
बुद्धि इसे पगली समझे पर
मन रस की बदली समझे !
अपनी बानी प्रेम की बानी···

अर्थों में ध्वनि यह, ग्रंथों में गीता,
वेदों में यह रस-वेद,
इक धागे में सबको पिरोए
भेदों में बनके अभेद,
यह है समर्पण, यह है विसर्जन
कैसे इसे रे छली समझे !
अपनी बानी प्रेम की बानी···

मस्ती के वन की है यह हिरनिया,
घूमे सदा निर्द्वंद्व
रस्सी से इसको बाँधो न साधो !
घर में करो ना बंद
हम जो अरथ समझे इसका वह
फूँकके बाती जली समझे !
अपनी बानी प्रेम की बानी···

सुबह चले, शाम चले

सुबह चले, शाम चले,
नगर-डगर, ग्राम चले,
ज़िंदगी सफ़र है एक भारी।

जितने पल हैं प्यार करो
हर तरह सिंगार करो,
जाने कब हो कूच की तैयारी !

प्यार में गुज़र गया जो पल वह
पूरी एक सदी से कम नहीं है,
जो विदा के क्षण नयन से छलका
अश्रु वो नदी से कम नहीं है,

लाज से न यूँ लजाओ
आओ मेरे पास आओ
माँग भरूँ फूलों से तुम्हारी

जितने पल हैं प्यार करो,
हर तरह सिंगार करो,
जाने कब हो कूच की तैयारी !

बेहिसाब साँस के सफ़र में
प्यार की कहानी रात-भर की है
दर्द की अँधेरी सूनी राहों पर
रूप की जवानी रात-भर की है।

स्वप्न नयन में सजाओ
मेहँदी प्रीति की रचाओ,
रह न जाए कोई साध क्वाँरी,

जितने पल हैं प्यार करो
हर तरह सिंगार करो
जाने कब हो कूच की तैयारी।

कौन जाने कल इसी जगह पर
तुम हो, हम हों, पर न यह नज़र हो
चाँद, चाँदनी, ये यामिनी हो
पास होंठ के मगर ज़हर हो,

चाँदनी पियो पिलाओ
राग-रस में डूब जाओ
टूटे नहीं रात की खुमारी

जितने पल हैं प्यार करो
हर तरह सिंगार करो
जाने कब हो कूच की तैयारी !

जो अभी था साथ हमने देखा
नभ में वो सितारा अब नहीं है,
शाम था हसीन जितना मौसम
वक्त उतना प्यारा अब नहीं है,

कौन तुम हो भूल जाओ,
कौन मैं हूँ भूल जाओ,
एक पल बना लो उम्र सारी,

जितने पल हैं प्यार करो
हर तरह सिंगार करो
जाने कब हो कूच की तैयारी !

जिसने है मिलाया आज हमको
वह न हम हैं, शक्ति और कोई
चाहेगा नहीं अगर वही कल
विष बनेगी प्रीति की रसोई

जीत हार को बनाओ
साथ कोई गीत गाओ
वक्त है बहुत बड़ा खिलाड़ी

जितने पल हैं प्यार करो,
हर तरह सिंगार करो
जाने कब हो कूच की तैयारी !

इसीलिए तो

इसीलिए तो नगर-नगर बदनाम हो गए मेरे आँसू
मैं उनका हो गया कि जिनका कोई पहरेदार नहीं था !

जिनका दुःख लिखने की ख़ातिर
मिली न इतिहासों को स्याही,
क़ानूनों को नाख़ुश करके
मैंने उनकी भरी गवाही

जले उमर-भर फिर भी जिनकी
अर्थी उठी अँधेरे में ही,
ख़ुशियों की नौकरी छोड़कर
मैं उनका बन गया सिपाही

पद-लोभी आलोचक कैसे करता दर्द पुरस्कृत मेरा
मैंने जो कुछ गाया उसमें करुणा थी, शृंगार नहीं था !
इसीलिए तो···

मैंने चाहा नहीं कि कोई
आकर मेरा दर्द बँटाए,
बस यह ख़्वाहिश रही कि–
मेरी उमर ज़माने को लग जाए,

चमचम चूनर-चोली पर तो
लाखों ही थे लिखने वाले,
मेरी मगर ढिठाई मैंने
फटी कमीज़ों के गुन गाए,

इसका ही यह फल है शायद कल जब मैं निकला दुनिया में
तिल-भर ठौर मुझे देने को मरघट तक तैयार नहीं था !
इसीलिए तो···

कोशिश भी की किंतु हो सका
मुझसे यह न कभी जीवन में
इसका साथी बनूँ जेठ में
उससे प्यार करूँ सावन में
जिसको भी अपनाया उसकी
याद सँजोई मन में ऐसे
कोई साँझ सुहागिन दीवा
बाले ज्यों तुलसी-पूजन में,
फिर भी मेरे स्वप्न मर गए अविवाहित केवल इस कारण
मेरे पास सिर्फ़ कुंकुम था, कंगन पानीदार नहीं था।
इसीलिए तो···

दोषी है तो बस इतनी ही
दोषी है मेरी तरुणाई,
अपनी उमर घटाकर मैंने
हर आँसू की उमर बढ़ाई
और गुनाह किया है कुछ तो
इतना सिर्फ़ गुनाह किया है,
लोग चले जब राजभवन को
मुझको याद झोंपड़ी आई,
आज भले कुछ भी कह लो तुम, पर कल विश्व कहेगा सारा
नीरज से पहले गीतों में सब कुछ था, पर प्यार नहीं था।
इसीलिए तो···

प्रेम-पथ हो न सूना…

प्रेम-पथ हो न सूना कभी इसलिए,
जिस जगह मैं थकूँ, उस जगह तुम चलो,

क़ब्र-सी मौन धरती पड़ी पाँव पर,
शीश पर है क़फ़न-सा घिरा आसमाँ,
मौत की राह में, मौत की छाँह में
चल रहा रात-दिन साँस का कारवाँ

जा रहा हूँ चला, जा रहा हूँ बढ़ा,
पर नहीं ज्ञात है किस जगह शाम हो ?
किस जगह पग रुके, किस जगह मग छुटे
किस जगह शीत हो, किस जगह घाम हो,

मुस्कराए सदा पर धरा इसलिए,
जिस जगह मैं झरूँ उस जगह तुम खिलो।

प्रेम-पथ हो न सूना कभी इसलिए,
जिस जगह मैं थकूँ, उस जगह तुम चलो।

एक दिन काल-तम की किसी रात ने,
दे दिया था मुझे प्राण का यह दिया,
धार पर यह जला, पार पर यह जला
बार अपना हिया विश्व का तम पिया,

पर चुका जा रहा साँस का स्नेह अब,
रोशनी का पथिक चल सकेगा नहीं,
आँधियों के नगर में बिना प्यार के
दीप यह भोर तक जल सकेगा नहीं,

पर जले स्नेह की लौ सदा इसलिए
जिस जगह मैं बुझूँ, उस जगह तुम जलो।
प्रेम-पथ हो न सूना कभी इसलिए,
जिस जगह मैं थकूँ, उस जगह तुम चलो।

रोज़ ही बाग़ में देखता हूँ सुबह
धूल ने फूल कुछ अधखिले चुन लिए
रोज़ ही चीखता है निशा में गगन-
'क्यों नहीं आज मेरे जले कुछ दिये ?'
इस तरह प्राण ! मैं भी यहाँ रोज़ ही
ढल रहा हूँ किसी बूँद की प्यास में,
जी रहा हूँ, धरा पर, मगर लग रहा
कुछ छिपा है कहीं दूर आकाश में,
छिप न पाए कहीं प्यार पर इसलिए,
जिस जगह मैं छिपूँ, उस जगह तुम मिलो।
प्रेम-पथ हो न सूना कभी इसलिए
जिस जगह मैं थकूँ, उस जगह तुम चलो।

प्रेम का पंथ सूना अगर हो गया
रह सकेगी बसी कौन-सी फिर गली ?
यदि खिला प्रेम का ही नहीं फूल तो
कौन है जो हँसे फिर चमन में कली
प्रेम को ही न जग में मिला मान तो
यह धरा, यह भुवन सिर्फ़ श्मशान है,
आदमी एक चलती हुई लाश है,
और जीना यहाँ एक अपमान है,
आदमी प्यार सीखे कभी इसलिए,
रात-दिन मैं ढलूँ, रात-दिन तुम ढलो।
प्रेम-पथ हो न सूना कभी इसलिए,
जिस जगह मैं थकूँ, उस जगह तुम चलो।

हज़ारों साझी मेरे प्यार में

मैं उन सबका हूँ कि नहीं कोई जिनका संसार में !
एक नहीं, दो नहीं, हज़ारों साझी मेरे प्यार में !!

मेरे चुंबन चाँद नहीं, सूरज का जलता भाल है
आलिंगन में फूल न कोई, धरती का कंकाल है
वर्तमान के लिए विकल मैं, विरही नहीं अतीत का
नव भविष्य का नव स्वर्णोदय सपना मेरे गीत का,
किसी एक टूटे स्वर से ही मुखर न मेरी श्वास है
लाखों सिसक रहे गीतों का क्रंदन-हाहाकार में !
एक नहीं, दो नहीं, हज़ारों साझी मेरे प्यार में !!

मैं गाता हूँ नहीं किसी की प्रीति चुराने के लिए
मेरा यह तप है दुनिया का दुख पी जाने के लिए
कल जिस राह चलेगा जग मैं उसका पहला प्रात हूँ
तुम्हें अँधेरे में दिखता हूँ पर सूरज के साथ हूँ
शब्दों के वस्त्रों में तुम पहचान न पाओगे मुझे,
मैं बैठा हूँ कफ़न लपेटे हर बाग़ी तलवार में !
एक नहीं, दो नहीं, हज़ारों साझी मेरे प्यार में !!

जितने घर वीरान सभी वे मेरे तीरथ-धाम हैं,
बेघर-बार दीप जो भी मेरे बनवासी राम हैं,
याद द्रौपदी के प्रण की है गुँथे न अब तक केश जो
गोवर्धनधारी की स्मृति है शीश उठाए देश जो

मेरा भी गुलाब की कलियों को मन होता है मगर
फूल खिलाने हैं मुझको हर आँधी, हर पतझार में !
एक नहीं, दो नहीं, हज़ारों साझी मेरे प्यार में !!

मैंने रात वहाँ काटी चाँदनी जहाँ सोती नहीं,
भोर किया उस जगह, जिस जगह कभी सुबह होती नहीं,
तपी वहाँ दोपहर जहाँ है भूख खड़ी मैदान में,
साँझ हुई उस देश, ज़िंदगी जहाँ बुझी खलिहान में,
या तो पार लगा दूँगा मैं इस मौसम की नाव को
या फिर बे मौसम डूबूँगा ख़ुद गहरी मँझधार में !
एक नहीं, दो नहीं, हज़ारों साझी मेरे प्यार में !!

जिनके साथी आँधी-अंधड़, जिनकी राह पहाड़ियाँ,
उन पर न्योछावर करता हूँ मैं अपनी फुलवारियाँ,
जिनके घर न दिया जलता जिनसे प्रकाश नाराज़ है,
राज उन्हें सूरज पर करना मुझे सिखाना आज है,
तुम भी जाओ पानी का यह चीर बदल आँजो नयन
अंगारों की शादी होगी सावन के त्योहार में !
एक नहीं, दो नहीं, हज़ारों साझी मेरे प्यार में !!

प्यार नहीं मिलता है

प्यार सभी करते जग में पर
सबको प्यार नहीं मिलता है।

अथक प्रतीक्षा में रितुपति की
सभी निकुंज-कुंज उपवन के,
पत्रहीन-फल-फूलहीन हो,
सहते शर पतझार-पवन के,
पर कुंकुम सिंदूर लिए जब दूल्हा बन बसंत आता है,
तब हर डाली को, हर बगिया को शृंगार नहीं मिलता है।
सबको प्यार नहीं मिलता है।।

यद्यपि सभी भक्त मंदिर में,
एक भावना लेकर जाते,
और एक विधि से वंदन कर
पूजा पर सर्वस्व चढ़ाते,
देने को वरदान मगर जब होता है तैयार देवता
तब सबकी पूजा को मंदिर में सत्कार नहीं मिलता है।
सबको प्यार नहीं मिलता है।।

कैसी जीवन की विडंबना
है कितनी अपनी लाचारी ?
लगा दाँव पर तन मन भी हम
जीत न पाते बाज़ी हारी,

सर्वस देकर भी न हमें मिलती मुट्ठी-भर धूल किसी से
अमृत लुटाकर भी विष पीने का अधिकार नहीं मिलता है।
सबको प्यार नहीं मिलता है।।

पूछ रहा मैं आज स्वयं से,
आख़िर क्या इसका कारण है,
प्यास सभी की एक जगत में,
पर न सुधा का सम वितरण है,
चलने को तो सबको मिल जाती हैं राहें और मुश्किलें
पर हर पंथी को मंज़िल का दरस-दुलार नहीं मिलता है।
सबको प्यार नहीं मिलता है।।

तब याद किसी की आती है

तब याद किसी की आती है।

मधुकर गुन-गुन धुन सुन क्षण-भर,
कुछ अलसाकर, कुछ शरमाकर,
जब कमल-कली धीरे-धीरे निज घूँघट-पट खिसकाती है।
तब याद किसी की आती है।।

आँगन के तरु की फुनगी पर,
दो तिनके सजा-सजाकर धर,
जब कोई चिड़िया एकाकी निज उजड़ा नीड़ बसाती है।
तब याद किसी की आती है।।

हिल-डुलकर पवन झकोरों से,
जब ओस फूल के अधरों से,
कलियों के खुलते अधरों पर इक चुंबन-सी झर जाती है।
तब याद किसी की आती है।।

पाकर निशि का तम, सूनापन,
जब शशि की एक शरीर किरन,
सोते फूलों के गालों को हलके-हलके सहलाती है,
तब याद किसी की आती है।।

उस पार उतारा करती नित,
जो जग के नर-नारी अगणित,
निशि को जब वही नाव सूनी इस पार पड़ी अकुलाती है।
तब याद किसी की आती है।।

उन्मुक्त झरोखे से आकर,
सिर, मस्तक मेरा सहलाकर,
जब प्रात उषा की किरन एक सोते से मुझे जगाती है।
तब याद किसी की आती है।।

सारा जग बंजारा होता

प्यार अगर थामता न पथ में उँगली इस बीमार उमर की
हर पीड़ा वेश्या बन जाती, हर आँसू आवारा होता।

निरवंशी रहता उजियाला
गोद न भरती किसी किरन की,
और ज़िंदगी लगती जैसे—
डोली कोई बिना दुलहन की,
दुख से सब बस्ती कराहती, लपटों में हर फूल झुलसता
करुणा ने जाकर नफ़रत का आँगन गर न बुहारा होता।
प्यार अगर···

मन तो मौसम-सा चंचल है
सबका होकर भी न किसी का
अभी सुबह का, अभी शाम का
अभी रुदन का, अभी हँसी का
और इसी भौंरे की ग़लती क्षमा न यदि ममता कर देती
ईश्वर तक अपराधी होता, पूरा खेल दुबारा होता
प्यार अगर···

जीवन क्या है एक बात जो
इतनी सिर्फ़ समझ में आए—
कहे इसे वह भी पछताए
सुने इसे वह भी पछताए

मगर यही अनबूझ पहेली शिशु-सी सरल सहज बन जाती
अगर तर्क को छोड़ भावना के संग किया गुज़ारा होता।
प्यार अगर···

मेघदूत रचती न ज़िंदगी
वनवासिन होती हर सीता
सुंदरता कंकड़ी आँख की
और व्यर्थ लगती सब गीता
पंडित की आज्ञा ठुकराकर, सकल स्वर्ग पर धूल उड़ाकर
अगर आदमी ने न भोग का पूजन-पात्र जुठारा होता।
प्यार अगर···

जाने कैसा अजब शहर यह
कैसा अजब मुसाफ़िरख़ाना
भीतर से लगता पहचाना
बाहर से दिखता अनजाना
जब भी यहाँ ठहरने आता एक प्रश्न उठता है मन में
कैसा होता विश्व कहीं यदि कोई नहीं किवाड़ा होता।
प्यार अगर···

हर घर-आँगन रंगमंच है
और हर एक साँस कठपुतली
प्यार सिर्फ़ वह डोर कि जिस पर
नाचे बादल, नाचे बिजली,
तुम चाहे विश्वास न लाओ लेकिन मैं तो यही कहूँगा
प्यार न होता धरती पर तो सारा जग बंजारा होता।
प्यार अगर···

जब सूना-सूना

जब सूना-सूना लगे तुम्हें जीवन अपना,
तुम मुझे बुलाना—मैं गुंजन बन जाऊँगा।

जिस दिन तक बगिया में भौंरों की रहे भीड़
उस दिन तक तुम मत आने देना मुझे पास,
जिस दिन तक बुलबुल गाती रहे बहारों को
उस दिन तक मत पूछना कि मैं क्यों हूँ उदास
लेकिन जिस दिन पथ पर सपनों की उड़े धूल
तब मुझे बुलाना—मैं चंदन बन जाऊँगा।

जब गूँथ रहा हो चाँद रात के खुले बाल,
तब याद न करना इस कुटिया अँधियारी को,
मधु ऋतु मधुबन में जब सिंदूर लुटाती हो
बिसरा देना तब इस विधवा फुलवारी को
लेकिन आकर पतझार तुम्हें जब झकझोरे
तब मुझे बुलाना—मैं सावन बन जाऊँगा।

जब तब नरगिस की पाँति नयन में शरमाए,
तब तक न समझना तुम इन आँखों की भाषा,
मुस्काए अधरों पर जब तक फूले गुलाब,
तब तक न जानना तुम मैं हूँ कितना प्यासा,
पर जब कोई अंगार कपोलों को चूमे
तब मुझे बुलाना—मैं चुंबन बन जाऊँगा।

हो मठ में जब तक गूँज शंख-घड़ियालों की
मेरी पूजा तब तक तुम ठुकराते रहना,
गीतों के गजरे से जब तक तुम सजे रहो
मेरे आँसू तब तक तुम तड़पाते रहना
ढह जाए मठ पर जब शृंगार बिखर जाए
तब मुझे बुलाना—मैं दर्शन बन जाऊँगा।

जब प्यार लुटाने निकलो तुम संसार बीच
मेरे अनाथ मन को तब याद नहीं आना,
वरदान बाँटने आओ जब तुम दुनिया में
मेरे भिक्षुक-सपनों पर ख़ाक उड़ा जाना
पर जब ठुकराओ प्यार किसी का तुम जग में
तब मुझे बुलाना—मैं पाहन बन जाऊँगा।

मेरा मन तो है क़ैद कफ़न के घूँघट में,
तन मरघट के हाथों का एक खिलौना है,
ये मेरी साँसें ही मेरी ज़ंजीरें हैं
कुछ ज्ञात नहीं किस जगह मुझे कब सोना है,
इस पर भी यदि शृंगार तुम्हें मेरा भाए
तुम मुझे बुलाना—मैं दर्पण बन जाऊँगा।

यह प्यासों की प्रेम-सभा है

यह प्यासों की प्रेम-सभा है यहाँ सँभलकर आना जी
जो भी आए यहाँ किसी का हो जाए दीवाना जी।

ऐसा बरसे रंग यहाँ पर
जनम-जनम तक मन भीगे
फागुन बिना चुनरिया भीगे
सावन बिना भवन भीगे
ऐसी बारिश होए यहाँ पर बचे न कोई घराना जी।
यह प्यासों की प्रेम-सभा है…

यहाँ न झगड़ा जाति-पाँति का,
और न झंझट मज़हब का
एक सभी की प्यास यहाँ पर
एक ही बस प्याला सबका
यहाँ पिया से मिलना हो तो परदे सभी हटाना जी।
यह प्यासों की प्रेम-सभा है…

यहाँ दुई की सुई न चुभती
घुले बताशा पानी में
पहने ताज फ़कीर घूमते
मौला की रजधानी में
यहाँ नाव में नदिया डूबे सागर सीप समाना जी।
यह प्यासों की प्रेम-सभा है···

यहाँ न क़ीमत कुछ पैसे की
क़ीमत सिर्फ़ सुगंधों की
छुपे हुए हैं लाख रतन
इस गुदड़ी में पैबंदों की
हर कोई बिन मोल पिये वो खुला यहाँ मयख़ाना जी।
यह प्यासों की प्रेम-सभा है···

चार धाम का पुण्य मिले
इस दर पर शीश झुकाने में
मज़ा कहाँ वो जीने में
जो मज़ा यहाँ मर जाने में
हाथ जोड़कर मौत यहाँ पर चाहे ख़ुद मर जाना जी।
यह प्यासों की प्रेम-सभा है···

दूध-सी साड़ी पहन तुम
सामने ऐसे खड़ी हो,
जिल्द में 'साकेत' की
'कामायनी' जैसे मढ़ी हो,
लाज का वल्कल उतारो,
प्यार का कंगन उजारो,
'कनुप्रिया' पढ़ता न, वो 'गीतांजली' गाता नहीं है।
प्यार का मौसम शुभे! हर रोज़ तो आता नहीं है!

प्यार का मौसम

सेज पर साधें बिछा लो,
आँख में सपने सजा लो।
प्यार का मौसम शुभे ! हर रोज़ तो आता नहीं है।

यह हवा यह रात, यह
एकांत, यह रिमझिम घटाएँ,
यूँ बरसती हैं कि पंडित—
मौलवी पथ भूल जाएँ,
बिजलियों से माँग भर लो
बादलों से संधि कर लो
उम्र-भर आकाश में पानी ठहर पाता नहीं है
प्यार का मौसम···

दूध-सी साड़ी पहन तुम
सामने ऐसे खड़ी हो,
जिल्द में 'साकेत' की
'कामायनी' जैसे मढ़ी हो,
लाज का वल्कल उतारो,
प्यार का कंगन उजारो,
'कनुप्रिया' पढ़ता न, वो 'गीतांजली' गाता नहीं है।
प्यार का मौसम···

हो गए सौ दिन हवन तब
रात यह आई मिलन की
उम्र कर डाली धुआँ जब
तब उठी डोली जलन की,
मत लजाओ पास आओ
ख़ुशबुओं में डूब जाओ,
कौन है चढ़ती उमर जो केश गुँथवाता नहीं है।
प्यार का मौसम…

है अमर वह क्षण कि जिस क्षण
ध्यान सब तजकर भुवन का,
मन सुने संवाद तन का,
तन करे अनुवाद मन का,
चाँदनी का फाग खेलो,
गोद में सब आग ले लो,
रोज़ ही मेहमान घर का द्वार खटकाता नहीं है।
प्यार का मौसम…

वक़्त तो उस चोर नौकर की
तरह से है सयाना,
जो मचाता शोर ख़ुद ही
लूटकर घर का ख़ज़ाना,
वक़्त पर पहरा बिठाओ
रात जागो औ' जगाओ,
प्यार सो जाता जहाँ भगवान् सो पाता नहीं है।
प्यार का मौसम…

आज मेरी गोद में···

आज मेरी गोद में शरमा रहा कोई,
चाँद से कह दो नहीं वह मुस्कराए।

जा बहारों से कहो बोले न बुलबुल,
क्योंकि अनबोली कहानी चल रही है,
जा सितारों के बुझादो दीप सारे
क्योंकि पानी बन जवानी जल रही है,

अब पिया को और मत टेरे पपीहा,
क्योंकि सीने में धड़कता दिल किसी का,
करवटें बदले न लहरों की शरारत,
क्योंकि डूबा जा रहा साहिल किसी का,

आज सपना हो गया साकार सम्मुख,
रात से बोलो न वह सपने सजाए।
चाँद से कह दो नहीं वह मुस्कराए।।

आज प्यासी बाहुओं के कुंजबन में,
सागरों की देह शरमाई पड़ी है,
डगमगाते गर्म ओठों की शरण में,
आग की आँधी बुलाई-सी खड़ी है,

आज लगता है कि पलकों की सतह पर
सो रहा है अनमना तूफ़ान कोई,
जान पड़ता है कि साँसों से उलझकर,
रह गया है एक रेगिस्तान कोई,

आज जो मुझको छुएगा वह जलेगा,
इसलिए कोई न अब उँगली उठाए।
चाँद से कह दो नहीं वह मुस्कराए।।

आज पहली बार अपनी ज़िंदगी में,
कर रहा महसूस—मैं भी जी रहा हूँ,
आज पहली बार होकर बेख़बर मैं,
हर क़सम पर बे पिए ही पी रहा हूँ,

आज पहली बार ही मानो न मानो,
सो सका हूँ खोलकर मैं आँख अपनी,
आज पहली बार साँसों के सफ़र में
हो सकी है एक अपनी चीज़ अपनी,

आज मैं अनमोल हूँ बेमोल बिककर
जग न अब मेरी कहीं क़ीमत लगाए।
चाँद से कह दो नहीं वह मुस्कराए।।

आज मत पूछो कि मैं क्या कर रहा हूँ,
और है क्या कह रहा संसार सारा,
आज मुझको भय नहीं है काल का भी,
आज मेरा प्राण है जलता अंगारा,

प्रश्न तो संसार के हरदम हुए हैं,
और होते ही रहेंगे ज़िंदगी-भर,
पर न आएगी कभी यह रात फिर से,
पर मिलोगी फिर न तुम जीवन-डगर पर,

इसलिए यदि द्वार आए मुक्ति भी तो,
बे इजाज़त आज वह भी लौट जाए।
चाँद से कह दो नहीं वह मुस्कराए।।

कल का करो न ध्यान...

आज पिला दो जी भरकर मधु कल का करो न ध्यान सुनयने !
कल का करो न ध्यान !!
संभव है कल तक मिट जाए मधु के प्रति आकर्षण मन का,
मधु पीने के लिए न हो कल संभव है संकेत गगन का,
पीने और पिलाने को हम ही न रहें कल संभव यह भी,
पल-पल पर झकझोर रहा है काल प्रबल दामन जीवन का,
कौन जानता है कब किस पल तार-तार क्षण में हो जाए,
जीवन क्या साँसों के कच्चे धागों का परिधान सुनयने !
कल का करो न ध्यान !!

क्या मालूम घिरी न घिरी कल यह मनभावन घटा गगन में,
क्या मालूम चली न चली कल यह मृदु मंद पवन मधुबन में,
स्वर्ग-नर्क को भूल आज जो गीत गा रही लालपरी के
क्या मालूम रही न रही कल मस्ती वह दीवानी मन में,
अनमाँगे वरदान सदृश जो छलक उठा मधु जीवन घट में,
क्या मालूम वही कल विष बन, बने स्वप्न-अवसान सुनयने !
कल का करो न ध्यान !!

मस्त कनखियों से साक़ी की जहाँ सुरा हरदम झरती थी,
पायल की रुन-झुन धुन में आवाज़ मौत की भी मरती थी,
मदिरा की रंगीन ओढ़नी ओढ़ महल में मदिरालय के,
कलियों की मुस्कानों से वासना सिंगार जहाँ करती थी,
आज किंतु उस तृषा-तीर्थ के शेष चिह्न केवल दो ही थे—
मरघट-सा सूना भयावना, और भूँकते श्वान सुनयने !
कल का करो न ध्यान !!

और इधर इस पथ पर तो कल घिरा मौत का था अँधियाला,
टूक-टूक हो पड़ा धूल में खिसक रहा था माणिक प्याला,
मधु तो दूर, गरल की भी दो बूँदें थीं न नयन के सम्मुख,
लेता था उच्छ्वास तिमिर में पड़ा विसुधमन पीने वाला,
आज अचानक ही पर जो तुम हो, मैं हूँ, मधु है, बदली है,
इसका अर्थ यही कि चाहता विधि भी हो मधुपान सुनयने !
कल का करो न ध्यान !!

जीवन में ऐसा शुभ अवसर कभी-कभी ही तो आता है—
प्यासे के समीप ही जब ख़ुद मदिरालय दौड़ा जाता है,
वह अज्ञानी है अग जग के मिथ्या तर्कों में पड़कर जो
खो ऐसा वरदान अंत तक कर मल-मलकर पछताता है,
व्यर्थ न मुझे बताओ इससे पाप-पुण्य की परिभाषाएँ
किंतु डूब मधु में सब कुछ बनने दो एक समान सुनयने !
कल का करो न ध्यान !!

पीकर भी यदि ध्यान रहा कल का तो व्यर्थ पिपासा मन की,
व्यर्थ सुराही की गहराई, व्यर्थ सुरा सुरभित चितवन की,
मदिरा नहीं, किंतु मदिरा के प्याले में मृगजल केवल वह
पीकर जिसे न भूल सके मन चिंता जीवन और मरण की,
मस्ती भी वह मस्ती क्या जो देख काल की भृकुटि-भंगिमा,
भूल जाए गाना जीवन की मदिर तृषा का गान सुनयने !
कल का करो न ध्यान !!

खेल 'आज-कल' का यह प्रयसि ! युग-युग से चलता आता है,
किंतु कभी क्या कोई जग में सीमा कल की छू पाता है ?
जीवन के दो ही दिन जिनमें आज जन्म है और मरण कल,
कल की आस लिए सारा जग ओर चिता की ही जाता है,
प्रिय ! इससे अरमानों की इस लाज भरी क्वाँरी-सी निशि को,
बन जाने भी दो सुहाग की रात छोड़ हठ, मान सुनयने !
कल का करो न ध्यान !!

तुम्हें मेरी क़सम है

आज तो मुझसे न शरमाओ—तुम्हें मेरी क़सम है !

आज बरसों बाद घायल पीर क्षण-भर सो सकी है,
बाज बरसों बाद गूँगी चाह मुखरित हो सकी है,
आज युग के बाद मेरी रात में दो चाँद चमके,
आज युग के बाद मेरी प्यास होंठ भिगो सकी है,
आज चुंबन की लगी बरसात अधरों की गली में,
बीच में दीवार-सी फिर क्यों खड़ी सहमी शरम है ?
आज तो मुझसे न शरमाओ—तुम्हें मेरी क़सम है !

चाँदनी तरु के तले अभिसार तम से कर रही है,
ओस गालों पर कली के चुंबनों-सी झर रही है,
रात के उभरे उरोजों में छिपाए चाँद मुखड़ा,
वह लता तरु की जवानी बाहुओं में भर रही है,
आँधियाँ अँगड़ा रही हैं आज कण-कण में धरा के,
आज ठंडी सृष्टि की चोली गरम, बोली नरम है।
आज तो मुझसे न शरमाओ—तुम्हें मेरी क़सम है !

बाहुओं की घाटियों में यह नदी जैसी जवानी,
आज बँधने को हुई लाचार लेकर आग पानी,
आज अधरों से अधर पर एक लिख दो गीत कोई,
और पढ़ लो आँख से सब अनकही मेरी कहानी,

मत हटाओ होंठ इस डर से कि जूठे हो न जाएँ,
प्यार ने प्रेयसि ! कभी माना नहीं कोई नियम है
आज तो मुझसे न शरमाओ–तुम्हें मेरी क़सम है !

घट चुकीं रातें हज़ारों आज तब यह रात आई,
हो गए सौ सिंधु मरु तब आँख अब यह मुस्कराई,
ढह गए लाखों महल तब सच हुआ यह एक सपना,
कोटि विष-घट चुक गए तब एक यह मधु-बूँद पाई,
इसलिए कल पर न टालो आज की अभिसार बेला,
प्रिय ! मिलन के वास्ते यह रात क्या, हर रात कम है।
आज तो मुझसे न शरमाओ–तुम्हें मेरी क़सम है !

मत कहो संसार कल हम पर करेगा क्या इशारे,
मत सुनो क्या कर रहे हैं धर्म के विध्वंस सारे,
बस छिपा लो आज मेरी आग अपने वक्ष में तुम,
डूब जाने दो सदा को आज के सब चाँद-तारे,
यदि मिला अवकाश तो कल धर्मग्रंथों को पढ़ूँगा,
आज तो लेकिन समर्पण ही सुमुखि ! अपना धरम है।
आज तो मुझसे न शरमाओ–तुम्हें मेरी क़सम है !

अभी न जाओ प्राण !

अभी न जाओ प्राण ! प्राण में प्यास शेष है,
प्यास शेष है।

अभी बरुनियों के कुंजों में छितरी छाया,
पलक-पात पर थिरक रही रजनी की माया,
श्यामल यमुना-सी पुतली के कालीदह में,
अभी रहा फुफकार नाग बौखल-बौराया,
अभी प्राण-बंसीबट में बज रही बंसुरिया,
अधरों के तट पर चुंबन का रास शेष है,
अभी न जाओ प्राण ! प्राण में प्यास शेष है,
प्यास शेष है।

अभी स्पर्श से सेज सिहर उठती है क्षण-क्षण,
गल-माला के फूल-फूल में पुलकित कंपन,
खिसक खिसक जाता उरोज से अभी लाज-पट,
अंग-अंग में अभी अनंग-तरंगित कर्षण,
केलि-भवन के तरुण दीप की रूप-शिखा पर,
अभी शलभ के जलने का उल्लास शेष है।
अभी न जाओ प्राण ! प्राण में प्यास शेष है,
प्यास शेष है।

अगरु-गंध में मत्त कक्ष का कोना-कोना,
सजग द्वार पर निशिप्रहरी सुकुमार सलोना,
अभी खोलने से कुनमुन करते गृह के पट,
देखो सावित अभी विरह का चंद्र-खिलौना
रजत चाँदनी के खुमार में अंकित अंजित–
आँगन की आँखों में नीलाकाश शेष है।
अभी न जाओ प्राण ! प्राण में प्यास शेष है,
प्यास शेष है।

अभी लहर तट के आलिंगन में है सोई,
अलिनी नीलकमल के गंध गर्भ में खोई,
पवन पेड़ की बाँहों पर मूर्च्छित-सा गुमसुम,
अभी तारकों से मदिरा ढुलकाता कोई,
एक नशा-सा व्याप्त सकल भू के कण-कण पर,
अभी सृष्टि में एक अतृप्ति-विलास शेष है,
अभी न जाओ प्राण ! प्राण में प्यास शेष है।
प्यास शेष है !

अभी मृत्यु-सी शांति पड़े सूने पथ सारे,
अभी न ऊषा ने खोले प्राची के द्वारे,
अभी मौन तरु-नीड़ सुप्त पनघट, नौकातट,
अभी चाँदनी के न जगे सपने निंदियारे,
अभी दूर है प्रात, रात के प्रणय-पत्र में–
बहुत सुनाने-सुनने को इतिहास शेष है,
प्यास शेष है।

बसंत की रात

आज बसंत की रात,
गमन की बात न करना !

धूल बिछाए फूल बिछौना,
बगिया पहने चाँदी-सोना,
कलियाँ फेंकें जादू-टोना,
महक उठे सब पात,
हवन की बात न करना !
आज बसंत की रात,
गमन की बात न करना !

बौराई अँबवा की डाली,
गदराई गेहूँ की बाली,
सरसों खड़ी बजाए ताली,
झूम रहे जल-जात,
शयन की बात न करना !
आज बसंत की रात,
गमन की बात न करना !

खिड़की खोल चंद्रमा झाँके,
चुनरी खींच सितारे टाँके,
मना करूँ तो शेर मचाके,

कोयलिया अनखात,
गहन की बात न करना !
आज बसंत की रात,
गमन की बात न करना !

निंदिया बैरिन सुधि बिसराई,
सेज निगोड़ी करे ढिठाई,
ताना मारे सौत जुन्हाई,
रह-रह प्राण पिरात,
चुभन की बात न करना !
आज बसंत की रात,
गमन की बात न करना !

यह पीली चूनर, यह चादर
यह सुंदर छवि, यह रस-गागर,
जनम-मरण की यह रज-काँवर,
सब भू की सौगात,
गगन की बात न करना !
आज बसंत की रात,
गमन की बात न करना !

मैं तुम्हें अपना बनाना चाहता हूँ

मैं तुम्हें अपना बनाना चाहता हूँ।

अजनबी यह देश, अनजानी यहाँ की हर डगर है,
बात मेरी क्या—यहाँ हर एक खुद से बेख़बर है,
किस तरह मुझको बना ले सेज का सिंदूर कोई,
जबकि मुझको ही नहीं पहचानती मेरी नज़र है,
आँख में इससे बसाकर मोहनी मूरत तुम्हारी
मैं सदा को ही स्वयं को भूल जाना चाहता हूँ।
मैं तुम्हें अपना बनाना चाहता हूँ।।

दीप को अपना बनाने को पतंगा जल रहा है,
बूँद बनने को समुंदर की हिमालय गल रहा है,
प्यार पाने को धरा का मेघ है व्याकुल गगन में,
चूमने को मृत्यु निशि-दिन श्वास-पंथी चल रहा है,
है न कोई भी अकेला राह पर गतिमय इसी से,
मैं तुम्हारी आग में तन-मन जलाना चाहता हूँ।
मैं तुम्हें अपना बनाना चाहता हूँ।।

देखता हूँ एक मौन अभाव-सा संसार-भर में,
सब विसुध, पर रिक्त प्याला एक है हर एक कर में,
भोर की मुस्कान के पीछे छिपीं निशि की सिसकियाँ
फूल हैं हँसकर छिपाए शूल को अपने जिगर में,

इसलिए ही मैं तुम्हारी आँख के दो बूँद जल में,
यह अधूरी ज़िंदगी अपनी डुबाना चाहता हूँ।
मैं तुम्हें अपना बनाना चाहता हूँ।।

वे गए विष दे मुझे मैंने हृदय जिनको दिया था,
शत्रु हैं वे प्यार ख़ुद से भी अधिक जिनको किया था,
हँस रहे वे, याद में जिनकी हज़ारों गीत रोए,
वे अपरिचित हैं जिन्हें हर साँस ने अपना लिया था,
इसलिए तुमको बनाकर आँसुओं की मुस्कराहट,
मैं समय की क्रूर गति पर मुस्कराना चाहता हूँ।
मैं तुम्हें अपना बनाना चाहता हूँ।।

दूर जब तुम थे, स्वयं से दूर मैं तब जा रहा था,
पास तुम आए ज़माना पास मेरे आ रहा था,
तुम न थे तो कर सकी थी प्यार मिट्टी भी न मुझको,
सृष्टि का हर एक कण मुझमें कमी कुछ पा रहा था,
पर तुम्हें पाकर, न अब कुछ शेष है पाना इसी से,
मैं तुम्हीं से, बस तुम्हीं से लौ लगाना चाहता हूँ।
मैं तुम्हें, केवल तुम्हें अपना बनाना चाहता हूँ।।

ओ प्यासे अधरों वाली !

ओ प्यासे अधरों वाली ! इतनी प्यास जगा
बिन जल बरसाए यह घनश्याम न जा पाए !

गरजीं-बरसीं सौ बार घटाएँ धरती पर,
गूँजी मल्हार की तान गली-चौराहों में
लेकिन जब भी तू मिली मुझे आते-जाते
देखी रीती गगरी ही तेरी बाँहों में,

सब भरे-पुरे तब प्यासी तू,
हँसमुख जब विश्व, उदासी तू,

ओ गीले नयनों वाली ! ऐसे आँज नयन
जो नज़र मिलाए तेरी मूरत बन जाए !
ओ प्यासे अधरों वाली ! इतनी प्यास जगा
बिन जल बरसाए यह घनश्याम न जा पाए !

रेशम के झूले डाल रही है झूल धरा
आ-आकर द्वार बुहार रही है पुरवाई,
लेकिन तू धरे कपोल हथेली पर बैठी
है याद कर रही जाने किसकी निठुराई,

जब भरी नदी, तू रीत रही,
जी उठी धरा, तू बीत रही,

ओ सोलह सावन वाली ! ऐसी सेज सजा
घर लौट न पाए जो घूँघट से टकराए !
ओ प्यासे अधरों वाली ! इतनी प्यास जगा
बिन जल बरसाए यह घनश्याम न जा पाए !

पपीहे के कंठ पिया का गीत थिरकता है,
रिमझिम की वंशी बजा रहा घनश्याम झुका,
है मिलन प्रहर नभ-आलिंगन कर रही भूमि,
तेरा ही दीप अटारी में क्यों चुका-चुका,

तू उन्मन, जब गुंजित मधुबन,
तू निर्धन जब बरसे कंचन,

ओ चाँद लजाने वाली ! ऐसे दीप जला
जो आँसू गिरे सितारा बनकर मुस्काए !
ओ प्यासे अधरों वाली ! इतनी प्यास जगा
बिन जल बरसाए यह घनश्याम न जा पाए !

बादल ख़ुद आता नहीं समुंदर से चलकर
प्यास ही धरा की उसे बुलाकर लाती है,
जुगनू में चमक नहीं होती, केवल तम को
छूकर उसकी चेतना ज्वाल बन जाती है,

सब खेल यहाँ पर है धुन का,
जग ताना-बाना है गुन का,

ओ सौ गुन वाली ! ऐसी धुन की गाँठ लगा
सब बिखरा जल सागर बन-बनकर लहराए !
ओ प्यासे अधरों वाली ! इतनी प्यास जगा
बिन जल बरसाए यह घनश्याम न जा पाए !

ऐसी रात नहीं आती है

फुलवा मले गुलाल दुआरे,
अँबवा रस पिचकारी मारे,
बार-बार तो रसिक प्रिया ओ ! ऐसी रात नहीं आती है।

रोज़ न होते स्वप्न विवाहित
रोज़ न करती प्यास प्रतीक्षा,
रोज़ न भिक्षुक बनकर तन से
आत्मा लेती है गुरु दीक्षा,
मत अपने से आँख चुराओ,
मत आँचल में गाँठ लगाओ।
बड़ी कठिनता से निर्धन की प्रीति सयानी हो पाती है।
बार-बार तो रसिक प्रिया ओ !

सारी उमर बन गई धूनी,
तब आई यह घड़ी प्यार की,
सारे दिन बीने काँटे जब
छाँह मिली तब हरसिंगार की,
और प्रतीक्षा अब न कराओ
और अंगारों में न सुलाओ,
जितना कुछ सह लिया उसी की सुध कर आँख भरी आती है।
बार-बार तो रसिक प्रिया ओ !

ना-ना—उधर न शीश घुमाओ,
चुंबन तो है मुकुट प्यार का
जब तक वह न सजे माथे पर,
है सिंगार सारा उधार का,
भौंह न तानो, रार न ठानो,
मेरी नहीं, हृदय की मानो,
कभी-कभी होंठों से पहले मन की बात सुनी जाती है।
बार-बार तो रसिक प्रिया ओ !

ऋतु तो आवारा लड़की है
जाने कब किसकी हो जाए
जाने किस घर दिवस गुज़ारे,
जाने किस घर रात बिताए,
मत विश्वास करो मौसम पर
फागुन की कमउम्र क़सम पर
हर दिन प्यार नहीं होता है, हर दिन आग नहीं भाती है।
बार-बार तो रसिक प्रिया ओ !

धनियों के तो धन हैं लाखों

धनियों के तो धन हैं लाखों
मुझ निर्धन के धन बस तुम हो !

कोई पहने माणिक-माल,
कोई लाल जड़ावे,
कोई रचे महावर मेहँदी
मुतियन माँग भरावे,
सोने वाले, चाँदी वाले
पानी वाले, पत्थर वाले,
तन के तो लाखों सिंगार हैं
मन के आभूषण बस तुम हो !
धनियों··· !

कोई जावे पुरी द्वारिका,
कोई ध्यावे काशी,
कोई तपे त्रिवेणी-संगम
कोई मथुरा-वासी,
उत्तर दक्खिन, पूरब पच्छिम,
भीतर-बाहर, सब जग-जाहर
संतों के सौ-सौ तीरथ हैं
मेरे वृंदावन बस तुम हो !
धनियों··· !

कोई करे गुमान रूप पर
कोई बल पर झूमे,
कोई मारे डींग ज्ञान की,
कोई धन पर घूमे,
काया-माया, जोरू-जाता,
जस-अपजस, सुख-दुःख त्रिय तापा
जीता-मरता जग सौ विधि से
मेरे जन्म-मरण बस तुम हो !
धनियों··· !

मुहूरत निकल जाएगा

देखती ही न दर्पण रहो प्राण ! तुम
प्यार का यह मुहूरत निकल जाएगा।

साँस की तो बहुत तेज़ रफ़्तार है,
और छोटी बहुत है मिलन की घड़ी,
आँजते-आँजते ही नयन बावरे,
बुझ न जाए कहीं उम्र की फुलझड़ी,
सब मुसाफ़िर यहाँ, सब सफ़र पर यहाँ,
ठहरने की इजाज़त किसी को नहीं,
केश ही तुम न बैठी गुँथाती रहो,
देखते-देखते चाँद ढल जाएगा।

झूमती गुनगुनाती हुई यह हवा,
कौन जाने कि तूफ़ान के साथ हो
क्या पता इस निंदासे गगन के तले
यह हमारे लिए आख़िरी रात हो,
ज़िंदगी क्या—समय के बियाबान में
एक भटकी हुई फूल की गंध है,
चूड़ियाँ ही न तुम खनखनाती रहो,
कल दीये को सवेरा निगल जाएगा।

यह महकती निशा, यह बहकती दिशा,
कुछ नहीं है, शरारत किसी शाम की,
चाँदनी की चमक, दीप की यह दमक,
है हँसी बस किसी एक बेनाम की,
है लगी होड़ दिन-रात में प्रिय यहाँ,
धूप के साथ लिपटी हुई छाँह है,
वस्त्र ही तुम बदलकर न आती रहो
यह शरमसार मौसम बदल जाएगा।

होंठ पर जो सिसकते पड़े गीत थे,
एक आवाज़ के सिर्फ़ मेहमान हैं,
ऊँघती पुतलियों में जड़े जो सपन
वे किन्हीं आँसुओं से मिले दान हैं,
कुछ न मेरा, न कुछ है तुम्हारा यहाँ
कर्ज़ के ब्याज पर सिर्फ़ हम जी रहे,
माँग ही तुम न बैठी सजाती रहो,
आ गया जो महाजन न टल पाएगा।

कौन शृंगार पूरा यहाँ कर सका ?
सेज जो भी सजी सो अधूरी सजी,
हार जो भी गुँथा सो अधूरा गुँथा,
बीन जो भी बजी सो अधूरी बजी,
हम अधूरे, अधूरा हमारा सृजन,
पूर्ण तो एक बस प्रेम ही है यहाँ
काँच से ही न नज़रें मिलाती रहो,
बिंब को मूक प्रतिबिंब छल जाएगा।

देखती ही न दर्पण रहो प्राण ! तुम
प्यार का यह मुहूरत निकल जाएगा।

कितने दिन चलेगा ?

रूप की इस काँपती लौ के तले
यह हमारा प्यार कितने दिन चलेगा ?

नील-सर में नींद की नीली लहर,
खोजती है भोर का तट रात-भर,
किंतु आता प्रात जब जाती उषा,
बूँद बनकर हर लहर जाती बिखर,
प्राप्ति ही जब मृत्यु है अस्तित्व की,
यह हृदय-व्यापार कितने दिन चलेगा ?
रूप की इस काँपती लौ के तले
यह हमारा प्यार कितने दिन चलेगा ?

'ताज' यमुना से सदा कहता अभय–
'काल पर मैं प्रेम-यौवन की विजय'
बोलती यमुना–'अरे तू क्षुद्र क्या–
एक मेरी बूँद में डूबा प्रणय',
जी रही जब एक जल-कण पर तृषा,
तृप्ति का आधार कितने दिन चलेगा ?
रूप की इस काँपती लौ के तले
यह हमारा प्यार कितने दिन चलेगा ?

स्वर्ग को भू की चुनौती-सा अमर
है खड़ा जो वह हिमालय का शिखर,
एक दिन हो भूमिलुंठित गल-पिघल,
जल उठेगा बन मरुस्थल अग्नि-सर,
थिर न जब सत्ता पहाड़ों की यहाँ,
अश्रु का शृंगार कितने दिन चलेगा ?
रूप की इस काँपती लौ के तले
यह हमारा प्यार कितने दिन चलेगा ?

गूँजते थे फूल के स्वर कल जहाँ,
तैरते थे रूप के बादल जहाँ,
अब गरजती रात सुरसा-सी खड़ी
घन-प्रभंजन की अनल-हलचल वहाँ
काल की जिस बाढ़ में डूबी प्रकृति,
श्वास का पतवार कितने दिन चलेगा ?
रूप की इस काँपती लौ के तले
यह हमारा प्यार कितने दिन चलेगा ?

विश्व-भर में जो सुबह लाती किरण,
साँझ देती है वही तम को शरण,
ज्योति सत्य, असत्य तम फिर भी सदा,
है किया करता दिवस निशि को वरण,
सत्य भी जब थिर नहीं निज रूप में,
स्वप्न का संसार कितने दिन चलेगा ?
रूप की इस काँपती लौ के तले
यह हमारा प्यार कितने दिन चलेगा?

प्यार न होगा

जग रूठे तो बात न कोई
तुम रूठे तो प्यार न होगा।

मणियों में तुम ही हो कौस्तुभ
तारों में तुम ही हो चंदा,
नदियों में तुम ही हो गंगा,
गंधों में तुम ही निशिगंधा,
दीपक में जैसे लौ-बाती
तुम प्राणों के संग-संगाती
तन बिछुड़े तो बात न कोई
तुम बिछुड़े सिंगार न होगा।

व्योम नहीं यह, भाल तुम्हारा
धरा नहीं है धूल चरण की,
सृष्टि नहीं, यह लीला केवल—
सृजन-प्रलय की, प्रलय-सृजन की,
तन का, मन का, जग-जीवन का
तुमसे ही रिश्ता इन-उन का
हम न रहे तो बात न कोई,
तुम न रहे संसार न होगा।

पूनम गौर कपोल बिराजे
अधर हँसे ऊषा अरुणीली,

कुंतल लट से लिपटी संध्या,
श्यामा अंजन रेख-नशीली,
सरि-सागर, दिशि-दिशि भू-अंबर
तुमसे ही द्युतिमान चराचर;
रवि न उगे तो बात न कोई
तुम न उगे उजियारा न होगा।

तुम बोले संगीत जी गया
तुम चुप हुए हुई चुप वाणी
तुम विहँसे मधुमास हँस उठा,
तुम रोए रो उठा हिमानी,
जन्म-विरह-दिन, मरण मिलन-क्षण,
तुम ही दोनों पर्व चिरंतन,
दृग न दिखे तो बात न कोई
तुम न दिखे दरबार न होगा।

तुमसे लागी प्रीति, बिना—
भाँवर दुलहिन हो गई सुहागिन
तुमसे हुआ विछोह मृत्तिका—
की बंदिन हो गई अनादिन,
निपट विचारी, निपट दुखारी
बिना तुम्हारे राज कुमारी,
मुक्ति न मिले न कोई चिंता,
तुम न मिले भव पार न होगा।
जग रूठे तो बात न कोई।
तुम रूठे तो प्यार न होगा।

सारा जग मधुबन लगता है

दो गुलाब के फूल छू गए जब से होंठ अपावन मेरे
ऐसी गंध बसी है मन में सारा जग मधुबन लगता है।

रोम-रोम में खिले चमेली
साँस-साँस में महके बेला
पोर-पोर से झरे मालती
अँग-अँग जुड़े जुही का मेला
पग-पग लहरे मानसरोवर, डगर-डगर छाया कदंब की
तुम जब से मिल गए उमर का खँडहर राजभवन लगता है।
दो गुलाब के फूल···

छिन-छिन ऐसा लगे कि कोई
बिना रंग के खेले होली,
यूँ मदमाएँ प्राण कि जैसे
नई बहू की चंदन डोली
जेठ लगे सावन मनभावन और दुपहरी साँझ बसंती
ऐसा मौसम फिर धूल का ढेला एक रतन लगता है।
दो गुलाब के फूल···

जाने क्या हो गया कि हरदम
बिना दिये के रहे उजाला,
चमके टाट बिछावन जैसे

तारों वाला नील दुशाला
हस्तामलक हुए सुख सारे दुःख के ऐसे ढहे कगारे
व्यंग्य-वचन लगता था जो कल वह अब अभिनंदन लगता है
दो गुलाब के फूल···

तुम्हें चूमने का गुनाह कर
ऐसा पुण्य कर गई माटी
जनम-जनम के लिए हरी
हो गई प्राण की बंजर घाटी।
पाप-पुण्य की बात न छेड़ो स्वर्ग-नर्क की करो न चर्चा
याद किसी की मन में हो तो मगहर वृंदावन लगता है।
दो गुलाब के फूल···

तुम्हें देख क्या लिया कि कोई
सूरत दिखती नहीं पराई
तुमने क्या छू दिया, बन गई
महाकाव्य कोई चौपाई
कौन करे अब मठ में पूजा, कौन फिराए हाथ सुमरिनी
जीना हमें भजन लगता है, मरना हमें हवन लगता है।
दो गुलाब के फूल···

प्यार बिना क्वाँरी हर बहुरिया

वल्कल न ओढ़ री गुजरिया,
अभी तो तेरी बारी उमरिया

मेहँदी की महक आए
अभी नरम हाथों से,
रातों की नींद खुले
सखियों की बातों से,
सपने देखे दिन में सिजरिया।
अभी तो तेरी बारी उमरिया।

परियों के जादू का
मंत्र पढ़े अंग-अंग,
बोल बचन जैसे कहीं
दूर बजे जल-तरंग
झूम-झूम जाए घर-डगरिया।
अभी तो तेरी बारी उमरिया।

सपनारे नैना बिन
काजर के कारे दिखें
कंगना जो दमकें तो
भोर में सितारे दिखें,
बचपना न छोड़े ढीठ चुरिया।
अभी तो तेरी बारी उमरिया।

नव रस नव रंग घुरे
पियर-पियर चोली में,
बदलियाँ ठिठोली करें
अलकों की टोली में
होंठों पै चमके बिजुरिया।
अभी तो तेरी बारी उमरिया।

मुरक-मुरक दरपन यूँ
मुसकाए चितवन से
उत्तर को चले किंतु
लौटे मन दक्खिन से,
बंसी बनी ख़ुद ही जल-मछरिया।
अभी तो तेरी बारी उमरिया।

चीवर वह पहने जो
हो न पिया की प्यारी,
मले वह भभूत जिसे
सौत बने बीमारी,
तू तो मेरे होंठ की बँसुरिया।
अभी तो तेरी बारी उमरिया।

प्रीति की हवेली में
खिड़की है अनबन की
यह न खुले तो न मिले
गंध मदिर मधुबन की,
खिड़की पै लगा नहीं किवरिया।
अभी तो तेरी बारी उमरिया।

रेशम से ब्याहे या
वल्कल से प्यार करे,
धूल को लपेटे या
फूल से सिंगार करे,
प्यार बिना क्वाँरी हर बहुरिया।
अभी तो तेरी बारी उमरिया।

इस पार कभी, उस पार कभी

तुम बिछुड़-मिले हज़ार बार
इस पार कभी, उस पार कभी।

तुम कभी अश्रु बनकर आँखों से टूट पड़े,
तुम कभी गीत बनकर साँसों से फूट पड़े,
तुम टूटे-जुड़े हज़ार बार
इस पार कभी, उस पार कभी।

तम के पथ पर तुम दीप जला धर गए कभी,
किरनों की गलियों में काजल भर गए कभी,
तुम जले-बुझे प्रिय ! बार-बार
इस पार कभी, उस पार कभी।

फूलों की टोली में मुस्काते कभी मिले,
शूलों की बाँहों में अकुलाते कभी मिले,
तुम खिले-झरे प्रिय ! बार-बार,
इस पार कभी, उस पार कभी।

तुम बनकर स्वप्न थके, सुधि बनकर चले साथ,
धड़कन बन जीवन-भर तुम बाँधे रहे गात,
तुम रुके-चले प्रिय ! बार-बार,
इस पार कभी, उस पार कभी।

तुम पास रहे तन के, तब दूर लगे मन से,
जब पास हुए मन के, तब दूर लगे तन से,
तुम बिछुड़-मिले हज़ार बार,
इस पार कभी, उस पार कभी।

किंतु इस राग-अनुराग की राह पर
वह न जाने रतन कौन-सा खो गया,
खोजती-सी मुझे दूर मुझसे स्वयं
आयु मेरी खिसकती रही उम्र-भर।

एक तेरे बिना प्राण, ओ प्राण के!
साँस मेरी सिसकती रही उम्र-भर।

एक तेरे बिना प्राण ओ प्राण के

एक तेरे बिना प्राण ओ प्राण के !
ाँस मेरी सिसकती रही उम्र-भर।

ाँसुरी से बिछुड़ जो गया स्वर उसे भर लिया कंठ में शून्य आकाश ने
ाल विधवा हुई जोकि पतझार में, माँग उसकी भरी मुग्ध मधुमास ने
ो गया कूल नाराज़ जिस नाव से पा गई प्यार वह एक मँझधार का
ुझ गया जो दिया भोर में दीन-सा, बन गया रात सम्राट अँधियार का,

ो सुबह रंक था शाम राजा हुआ
ो लुटा आज, कल फिर बसा भी वही,
क मैं ही कि जिसके चरण से धरा
ज़ तिल-तिल धसकती रही उम्र-भर।

ार इतना किया ज़िंदगी में कि जड़-मौन तक मरघटों का मुखर कर दिया,
प-सौंदर्य इतना लुटाया कि हर भिक्षु के हाथ पर चंद्रमा धर दिया
क्ति अनुरक्ति ऐसी मिली सृष्टि की, शक्ल हर एक मेरी तरह हो गई
स जगह आँख मूँदी निशा आ गई, जिस जगह आँख खोली सुबह हो गई,

ंतु इस राग-अनुराग की राह पर
न जाने रतन कौन-सा खो गया,
जती-सी मुझे दूर मुझसे स्वयं
यु मेरी खिसकती रही उम्र-भर।

भेष भाए न जाने तुझे कौन-सा इसलिए रोज़ कपड़े बदलता रहा,
किस जगह कब कहाँ हाथ तू थाम ले, इसलिए रोज़ गिरता-सँभलता रहा,
कौन-सी मोह ले तान तेरा हृदय इसलिए गीत गाया सभी राग का,
छेड़ दी रागिनी आँसुओं की कभी शंख फूँका कभी क्रांति का, आग का,

किस तरह खेल क्या खेलता तू मिले
खेल खेले इसी से सभी विश्व के
कब न जाने करे याद तू इसलिए
याद कोई कसकती रही उम्र-भर।

रोज़ ही रात आई गई, रोज़ ही आँख झपकी मगर नींद आई नहीं
रोज़ ही हर सुबह रोज़ ही हर कली खिल गई तो मगर मुस्कराई नह
नित्य ही रास ब्रज में रचा चाँद ने पर न बाजी बंसुरियाँ कभी श्याम की
हर तरह उर अयोध्या बसाई गई याद भूली न लेकिन किसी राम क

हर जगह ज़िंदगी में लगी कुछ कमी
हर हँसी आँसुओं में नहाई मिली
हर जगह, हर घड़ी, भूमि से स्वर्ग तक
आग कोई दहकती रही उम्र-भर।

खोजता ही फिरा पर अभी तक मुझे मिल सका कुछ न तेरा ठिकाना कहीं
ज्ञान से बात की तो कहा बुद्धि ने—'सत्य है वो मगर आज़माना नहीं
धर्म के पास पहुँचा पता यह चला, मंदिरों-मस्जिदों में अभी बंद है
जोगियों ने बताया कि जप-जोग है, भोगियों से सुना भोग-आनंद है

किंतु पूछा गया नाम जब प्रेम से
धूल से वह लिपट-फूटकर रो पड़ा,
बस तभी से व्यथा देख संसार की
आँख मेरी छलकती रही उम्र-भर।

एक तेरे बिना प्राण ओ प्राण के!
साँस मेरी सिसकती रही उम्र-भर।

तुमको तो मेरी याद न आएगी

तुमको तो मेरी याद न आएगी,
आएगी भी तो नहीं रुलाएगी,
पर कभी रुला ही दे तो यह करना–
सामने किसी दर्पन के बैठ ज़रा–
पहले मुस्काना फिर शरमा जाना।

वैसे तो प्रिय ! तुम इतनी सुंदर हो
रोओगी भी तो फूल खिलाओगी,
बादल को अलकों में भरमाओगी,
सावन को पलकों में तरसाओगी,

तरसाना भरमाना पर ठीक नहीं,
बिजलियाँ कौंध उठती हैं कभी कहीं,
माने ही किंतु न मन तो यह करना–
उगते चंदा से आँखें उलझाकर–
आँचल खिसकाना, फिर अलसा जाना।

चंदा से आँख मिलाना बुरा नहीं
तारे से पर प्यार न अच्छा है
जूड़े की शोभा एक फूल से है,
उपवन-भर से अभिसार न अच्छा है,

इसलिए कि जो सबसे टकराता है,
वह नहीं किसी का भी हो पाता है,
पर फिर भी बस न चले तो यह करना–
जा किसी दुखी पतझर के दरवाज़े–
कुछ आँसू ले आना, कुछ दे आना।

सुंदरी ! रूप चाहे जिसका भी हो
यौवन के घर पर एक भिखारी है,
तुम चाहे जितना गर्व करो उस पर
रुकने वाली उसकी न सवारी है,

जो अपना नहीं गरब उस पर कैसा ?
जीवन तो है काग़ज़ के घर जैसा
फिर भी यदि मान करो तो यह करना–
कोई मुरझाया फूल मसल करके–
पहले कुछ सुख पाना, फिर पछताना।

तुम चहल-पहल ब्याहुली अटारी की,
मैं सूनापन विधवा के आँगन का,
है प्यार मिला तुमको मधुमासों का,
मुझ पर साया है रोते सावन का,

मिलना तो अब अपना नामुमकिन है
कारण–ढलने को जीवन का दिन है,
पर फिर भी मिल जाएँ तो यह करना–
अपने सपनों के मरघट में बैठा–
मैं सिसकूँ तो तुम कफ़न उढ़ा जाना।

. . .

जिस दिन तेरी याद न आई

सुबह न आई, शाम न आई, जिस दिन तेरी याद न आई !

जिस दिन तड़पे प्राण न उस दिन
देह लगी मिट्टी की ढेरी,
जिस दिन सिसकी साँस न उस दिन,
उम्र हो गई कुछ कम मेरी,
बरसी जिस दिन आँख न उस दिन
गीत न बोले, अधर न डोले
हँसी सिराई, ख़ुशी सिराई, जिस दिन तेरी याद न आई !

धुँधलाया सूरज का दर्पण,
कजलाई चंदा की बेंदी,
मूक हुई दुपहर की पायल,
रूठ गई संध्या की मेहँदी,
दिवस-रात सब लगे पराए
लुटे-लुटाए, स्वप्न-सितारे
छटा न छाई, घटा न छाई, जिस दिन तेरी याद न आई !

फिरते रहे नयन बौराए
कभी भवन में, कभी भुवन में,
रही कसकती पीड़ा कोई,
इस क्षण तन में, उस क्षण मन में

जग-जगकर काजल अलसाया,
चल-चलकर अंचल थक आया,
हाट न पाई, बाट न पाई, जिस दिन तेरी याद न आई !

गुमसुम बैठी रही देहरी,
ठिठका-ठिठका आँगन द्वारा,
सेज लगी काँटों की साड़ी
और अटारी कज्जल-कारा,
अमर गंध हिम-लहर हो गई
चंदन लेप ताप तक्षक का,
धूप न भाई, छाँह न भाई, जिस दिन तेरी याद न आई !

गली-गली ने आँखें फेरीं,
गाँव-गाँव ने पत्थर मारे,
फूल-फूल ने धूल उड़ाई
शूल-शूल ने घाव उघारे
गई जहाँ भी साँस गई–
ठुकराई हर घर से, हर दर से !
दुनिया ने दुश्मनी निभाई, जिस दिन तेरी याद न आई !

नीरज की पाती

पहले तो रोज़ मिला करती थीं तुम छिप-छिपकर
अब है य' हाल कि ख़त तक से मुलाक़ात नहीं,
रात के ख़्वाब सुनाती थीं जिसे तुम दिन में
उससे कहने को तुम्हें आज कोई बात नहीं।

मैं वही हूँ जिसे वरदान फ़रिश्तों का समझ
तुमने आँखों में रचा था कभी काजल की तरह,
और हँस-हँस के सदा प्यार को जिसके तुमने
सर पै ओढ़ा था किसी रेशमी आँचल की तरह।

याद शायद हो तुम्हें गोद में मेरी छिपकर
तुम ज़मीं तो क्या फ़लक तक से नहीं डरती थी,
और माथे पै सजाकर मेरे होंठों के कँवल,
ख़ुद को तुम मिस्र की शहज़ादी कहा करती थीं।

तुमने तो क़ौल किया था कि हो चाहे कुछ भी
तुम मेरे गीत को हर हाल में दुहराओगी,
और सो जाएँगे जब थक के मेरे तार-सितार
तान बनकर के मुझे खोजती तुम जाओगी !

चार दिन में ही मगर भूल गईं तुम सब्र कुछ
किस तरह हूँ मैं कहाँ—यह भी तुम्हें ज्ञात नहीं,

हर ख़ुशी तुमने बना ली है सहेली अपनी
जब मेरी आँख के आँसू भी मेरे साथ नहीं।

रोज़ ही दे गई हर सुबह नए ग़म का संदेश
बस तुम्हारी ही ख़बर कोई हवा लाई नहीं,
आ के हर रंग की बदली ने पुकारा लेकिन
जिसको आना था—वही श्याम घटा आई नहीं।

तुम न आईं औ' मेरे फूल-से सुंदर सपने
एक निर्धन की उमीदों की तरह टूट गए,
घर में दो-चार जो मेहमान थे अरमानों के
एक बेवा की जवानी की तरह रूठ गए !

कैसे बतलाऊँ तुम्हें, तुम हो नहीं तो मुझ पर
कितनी भारी है हुई उम्र की छोटी-सी डगर,
दुनिया दिखती है किसी क़ब्र की शम्मा की तरह
जीना लगता है कि हो जैसे गुनाहों का सफ़र।

आते-जाते कभी दिख जाओ तुम इस लालच में
आँख खिड़की पै ही रहती है खड़ी दिन-दिन भर,
तुमको बेचैन न कर दे कहीं बादल कोई
रोज़ मौसम को मनाता हूँ, क़सम दे-देकर !

मेरे गीतों की किताबें वे कि जिन पर उस दिन
नाम तुमने था लिखा ख़ुद का मेरे नाम के साथ,
आज मोटी-सी परत धूल की उन पर है जमी
बाँचती है उन्हें दीमक बड़े आराम के साथ !

जिसकी तारीख़ बदलती थीं तुम नित आ-आकर
वह कलेंडर भी तुम्हारे ही इंतज़ार में है,

फूल तुम जिसमें सजाती थीं बड़ी मेहनत से
कोट का काज वह सूना भरी बहार में है !

और लंबी न करो मेरी प्रतीक्षा की उमर
जिस तरह से भी बने एक घड़ी आ जाओ,
ज़िंदगी बन के जो आना है नहीं मुमकिन तो
मौत बनकर ही जवानी पै मेरी छा जाओ।

आज की रात

आज की रात बड़ी शोख़, बड़ी नटखट है
आज तो तेरे बिना नींद नहीं आएगी,
आज तो तेरे ही आने का यहाँ मौसम है,
आज तबियत न ख़यालों से बहल पाएगी !

देख ! वह छत पै उतर आई है सावन की घटा,
खेल खिड़की से रही आँख-मिचौनी बिजली,
द्वार हाथों में लिए बाँसुरी बैठी है बहार
और गाती है कहीं कोई कुयलिया कजली !

'पीऊ' पपीहे की, यह पुरवाई, यह बादल की गरज
ऐसे नस-नस में तेरी चाह जगा जाती है
जैसे पिंजरे में छटपटाते हुए पंछी को
अपनी आज़ाद उड़ानों की याद आती है !

यह दहकते हुए जुगनू—यह दिये आवारा
इस तरह रोते हुए नीम पै जल उठते हैं
जैसे बरसों से बुझी सूनी पड़ी आँखों में
ढीठ बचपन के कभी स्वप्न मचल उठते हैं !

और रिमझिम यह गुनहगार, यह पानी की फुहार
यूँ किए देती हैं गुमराह वियोगी मन को
ज्यों किसी फूल की गोदी में पड़ी ओस की बूँद
जूठा कर देती है भौंरों के विकल चुंबन को !

पार जमुना के सिसकती हुई विरहा की तान
चीरती आती है जो धार की गहराई को
ऐसा लगता है महकती हुई साँसों ने तेरी
छू दिया है किसी सोई हुई शहनाई को !

और भीनी-सी यह चंपा की नशीली ख़ुशबू
आ रही है कि जो छन-छन के घनी डालों से,
जान पड़ता है किसी ढीठ झकोरे से लिपट
खेल आई है तेरे उलझे हुए बालों से !

आजा अब तो ओ कँवल-पात-चरन, चंद्र-बदन
साँस हर मेरी अकेली है, दुकेली कर दे !
सूने सपनों के गले डाल दे, गोरी बाँहें
सर्द माथे पै ज़रा गर्म हथेली धर दे !

पर ठहर, वे जो वहाँ लेटे हैं फुटपाथों पर,
सर पै पानी की हरेक बूँद को लेने के लिए,
उगते सूरज की नई आरती करने के लिए
और लेखों को नई सुर्खियाँ देने के लिए !

और वह झोंपड़ी, छत जिसकी स्वयं है आकाश
पास जिसके कि ख़ुशी आते शर्म खाती है,
गीले आँचल ही सुखाते जहाँ ढलती है धूप,
छाते छप्पर ही जहाँ ज़िंदगी सो जाती है !

पहले इन सबके लिए एक इमारत गढ़ लूँ
फिर तेरी साँवली अलकों के सपन देखूँगा,
पहले हर दीप के सर पर कोई साया कर दूँ
फिर तेरे भाल पै चंदा की किरन देखूँगा !

प्यार करके निभाना

प्यार करके जो निभाना ही नहीं था तुझको
किसलिए तू मेरे सपनों के निकट आई थी ?
किसलिए होंठ मेरे होंठ से टकराए थे ?
किसलिए आँख मेरी आँख से उलझाई थी ?

मैं तो समझा था तेरी श्याम अलक में गुँथकर,
मैं किसी स्वर्ग की बगिया में पहुँच जाऊँगा,
और काजल में तेरी आँख के घुलकर-मिलकर,
मोती सब मानसरोवर के उठा लाऊँगा।

ज्ञात यह किंतु नहीं था कि प्यार तेरा भी,
रुपहले चंद ठीकरों का ख़रीदार ही है,
क़ैद है तेरी कलाई भी किसी कंगन में,
तू भी सोने की घूमती हुई झंकार ही है।

तू तो कहती थी कि सूरज के चले जाने पर,
जैसे फूलों की हँसी सूख के झर जाती है,
जैसे आँधी के थपेड़े में मोमबत्ती की
काँपती लौ न किसी तौर भी जल पाती है,

वैसे ही तेरी जवानी की महकती चादर
मेरी बाँहों की जुदाई नहीं सह सकती है,
तू तो रह ले भी किसी भाँति, मगर साँस तेरी;
मेरे ग़म में न किसी हाल में रह सकती है।

और अब आज ही तू प्यार को बदनाम बना,
अजनबी जाँघ पै सर रखके कहीं लेटी है,
और बैठा हूँ मैं हाथों में लिए कुछ तिनके;
जब कि नस-नस मेरी रस्सी की तरह ऐंठी है।

मखमली गर्म बिछौने की गरम बाँहों में
आह ! चूड़ी तेरी रह करके खनकती होगी,
मेरी जब रात अँधेरी है तेरी रातों में
टिकुली कोई तेरे माथे पै दमकती होगी।

मेरी बगिया में जब एक फूल नहीं, पात नहीं,
तूने तब ख़ुद को गुलाबों से सजाया होगा,
तुझको देखे बिना जब आँख यह पथराई है
तब किसी ने तुझे सीने से लगाया होगा।

उफ़ ! यह बेशर्म दरद अब न सहा जाता है,
जी में आता है कि इस दिल पै अंगारे धर दूँ,
टिमटिमाती हुई इस लौ पै सियाही मल दूँ,
और इस साँस को मरघट के हवाले कर दूँ।

क्रोध आता है तेरी शोख़ अँखड़ियों पै मगर,
दोष इस सबके लिए दूँ तो तुझे दूँ कैसे ?
तेरी मर्ज़ी तो तेरी अपनी नहीं मर्ज़ी है,
तू भी मजबूर है, मजबूर हैं हम सब जैसे।

पूँजी-मसनद के सहारे पै टिकी दुनिया में,
प्यार बिकता है गली-गाँव खिलौने की तरह
होता ईमान है नीलाम बर्तनों की तरह
बिछाई जाती है औरत रे ! बिछौनों की तरह

तूने खुद ही न मेरे हाथ का छोड़ा है साथ,
तेरी मजबूर ग़रीबी ही मुझे छोड़ गई,
बू तो हटती न मेरे पथ से किसी क़ीमत पर,
तेरी बदनाम बेबसी ही तुझे मोड़ गई।

अपनी मर्ज़ी से नहीं, दूसरे की मर्ज़ी से
बेचना तुझको पड़ा है जवान तन अपना,
झूठी मुर्दार रूढ़ियों की हिफ़ाज़त के लिए,
मारना तुझको पड़ा है शहीद मन अपना।

आदमी इतना है असहाय औ' निरुपाय जहाँ,
ऐसी दुनिया में उठो आग लगा ही डालो,
ख़ून जो प्यार का बिखरा है गली-कूचों में,
उसकी हर बूँद का सब दाम चुका ही डालो।

जब न तुम ही मिले···

जब न तुम ही मिले राह पर तो मुझे
स्वर्ग भी गर धरा पर मिले—व्यर्थ है।

दीप को रात-भर जल सुबह मिल गई,
चिर कुमारी उषा की किरन-पालकी,
सूर्य ने चल दिवस-भर अगिन-पंथ पर
रात, लट चूम ली चाँद के भाल की,
ज़िंदगी में सभी को सदा मिल गया
प्राण का गीत औ' सारथी राह का,
एक मैं ही अकेला जिसे आज तक
मिल न पाया सहारा किसी बाँह का,
बेसहारे हुई अब कि जब ज़िंदगी
साथ संसार सारा चले—व्यर्थ है।
जब न तुम ही मिले राह पर तो मुझे
स्वर्ग भी गर धरा पर मिले—व्यर्थ है।

एक ही कील पर घूमती है धरा,
एक ही डोर से बस बँधा है गगन,
एक ही साँस में ज़िंदगी क़ैद है,
एक ही तार से बुन गया है कफ़न,
इस तरह हर किसी के नयन में यहाँ
एक ऐसी बसी शक्ल ख़ामोश है,

प्यार संसार-भर का मिले क्यों न पर
आदमी को न उसके बिना होश है,
होश ही आज अपना नहीं जब मुझे
फूल बन उर्वशी भी खिले—व्यर्थ है।
जब न तुम ही मिले राह पर तो मुझे
स्वर्ग भी गर धरा पर मिले—व्यर्थ है।

नाश के इस नगर में तुम्हीं एक थे
खोजता मैं जिसे आ गया था यहाँ,
तुम न होते अगर तो मुझे क्या पता
तन भटकता कहाँ, मन भटकता कहाँ,
वह तुम्हीं हो कि जिसके लिए आज तक
मैं सिसकता रहा, शब्द में गान में,
वह तुम्हीं हो कि जिसके बिना शव बना
मैं भटकता रहा रोज़ श्मशान में,
पर तुम्हीं अब न मेरी पियो प्यास तो
ओठ पर भी हिमालय गले—व्यर्थ है।
जब न तुम ही मिले राह पर तो मुझे
स्वर्ग भी गर धरा पर मिले—व्यर्थ है।

फूल से भी बहुत दिन किया प्यार पर
दर्द दिल का कभी मुस्कराया नहीं,
चाँद से भी बहुत मन लगाया मगर
प्राण को चैन मेरे न आया कहीं,
किंतु उस रोज़ तुमने पुकारा कि जब
मैं पड़ा था चिता पर, मगर गा उठा,
एक जादू न जाने किया कौन-सा
आग की गोद में अश्रु मुस्का उठा,
औ' मुझे रोशनी अब तुम्हीं दो न तो
पास सारे सितारे जलें—व्यर्थ है।

जब न तुम ही मिले राह पर तो मुझे
स्वर्ग भी गर धरा पर मिले—व्यर्थ है।

खोजने जब चला मैं तुम्हें विश्व में
मंदिरों ने बहुत कुछ भुलावा दिया,
ख़ैर पर यह हुई, उम्र की दौड़ में
ख़याल मैंने न कुछ पत्थरों का किया,
पर्वतों ने झुका शीश चूमे चरण
बाँह डाली कली ने गले में मचल,
एक तस्वीर तेरी लिए किंतु मैं
साफ दामन बचाकर गया ही निकल,
और फिर भी न यदि तुम मिलो तो कहो,
जन्म किस अर्थ है, मृत्यु किस अर्थ है।
जब न तुम ही मिले राह पर तो मुझे
स्वर्ग भी गर धरा पर मिले—व्यर्थ है।

मगर निठुर न तुम रुके...

मगर निठुर न तुम रुके, मगर निठुर न तुम रुके !

पुकारता रहा हृदय, पुकारते रहे नयन,
पुकारती रही सुहाग-दीप की किरन-किरन,
निशा-दिशा, मिलन-विरह विदग्ध टेरते रहे,
कराहती रही सलज्ज सेज की शिकन-शिकन,
असंख्य श्वास बन समीर पथ बुहारते रहे,
मगर निठुर न तुम रुके !

पकड़ चरण लिपट गए अनेक अश्रु धूल से,
गुँथे सुवेश केश में अशेष स्वप्न फूल से,
अनाम कामना शरीर छाँह बन चली गई,
गया हृदय सदय बँधा बिंधा चपल दुकूल से,
बिलख-बिलख जला शलभ समान रूप अधजला,
मगर निठुर न तुम रुके !

विफल हुई समस्त साधना अनादि अर्चना,
असत्य सृष्टि की कथा, असत्य स्वप्न कल्पना,
मिलन बना विरह, अकाल मृत्यु चेतना बनी,
अमृत हुआ गरल, भिखारिणी अलभ्य भावना,
सुहाग-शीश-फूल टूट धूल में गिरा मुरझ—
मगर निठुर न तुम रुके !

न तुम रुके, रुके न स्वप्न रूप-रात्रि-गेह में,
न गीत-दीप जल सके अजस्र-अश्रु-मेह में,
धुआँ-धुआँ हुआ गगन, धरा बनी ज्वलित चिता,
अंगार-सा जला प्रणय अनंग-अंग-देह में,
मरण विलास-रास प्राण-कूल पर रचा उठा,
मगर निठुर न तुम रुके !

अकास में न चाँद अब, न नींद रात में रही,
न साँझ में शरम, प्रभा न अब प्रभात में रही,
न फूल में सुगंध, पात में न स्वप्न नीड़ के,
संदेश की न बात वह वसंत-वात में रही,
हठी असह्य सौत यामिनी बनी तनी रही–
मगर निठुर न तुम रुके !

निभाना ही कठिन है

प्यार करना तो बहुत आसान प्रेयसि !
अंत तक उसका निभाना ही कठिन है।

है बहुत आसान ठुकराना किसी को,
है न मुश्किल भूल भी जाना किसी को,
प्राण-दीपक बीच साँसों की हवा में,
याद की बाती जलाना ही कठिन है।
प्यार करना तो बहुत आसान प्रेयसि !
अंत तक उसका निभाना ही कठिन है।

स्वप्न बन क्षण-भर किसी स्वप्निल मयन के,
ध्यान-मंदिर में किसी मीरा मगन के,
देवता बनना नहीं मुश्किल, मगर सब–
भार पूजा का उठाना ही कठिन है।
प्यार करना तो बहुत आसान प्रेयसि !
अंत तक उसका निभाना ही कठिन है।

चीख़-चिल्लाते-सुनाते विश्व-भर को,
पार कर लेते सभी बीहड़ डगर को,
विष-बुझे पर पंथ के कटु कंटकों की,
हर चुभन पर मुस्कराना ही कठिन है।

प्यार करना तो बहुत आसान प्रेयसि !
अंत तक उसका निभाना ही कठिन है।

छोड़ नैया वायु-धारा के सहारे,
हैं सभी ही सहज लग जाते किनारे,
धार के विपरीत लेकिन नाव खेकर,
हर लहर को तट बनाना ही कठिन है।
प्यार करना तो बहुत आसान प्रेयसि !
अंत तक उसका निभाना ही कठिन है।

दूसरों के मग सुगम का अनुसरण कर,
है बहुत आसान बढ़ना ध्येय-पथ पर,
पाँव के नीचे मगर मंज़िल बसाकर
विश्व को पीछे चलाना ही कठिन है।
प्यार करना तो बहुत आसान प्रेयसि !
अंत तक उसका निभाना ही कठिन है।

वक़्त के संग-संग बदल निज कंठ-लय-स्वर,
क्या कठिन गाना सुनाना गीत नश्वर,
पर विरोधों के भयानक शोर-गुल में,
एक स्वर से गीत गाना ही कठिन है।
प्यार करना तो बहुत आसान प्रेयसि !
अंत तक उसका निभाना ही कठिन है।

दूर नहीं हो

तन से तो सब भाँति बिलग तुम
लेकिन मन से दूर नहीं हो।

हाथ न परसे चरण सलौने,
पाँव न जागी गैल तुम्हारी,
दुगन न देखी बाँकी चितवन,
अधर न चूमी लट कजरारी,

चिकने - खुदरे, गोरे - काले,
छलकन और बेछलकन वाले,
घट को तो तुम निपट निगुण पर,
पनिहारिन से दूर नहीं हो !

तन से तो सब भाँति बिलग तुम
लेकिन मन से दूर नहीं हो !

जुड़े न पंडित, सजी न वेदी,
वचन न हुए, न मंत्र उचारे,
जनम-जनम को किंतु वधू यह
हाथ बिकी बेमोल तुम्हारे,

झूठे - सच्चे, कच्चे - पक्के,
रिश्ते जितने दुनिया - भर के,

सबसे तो तुम मुक्त, प्रेम—
के वृंदावन से दूर नहीं हो !

तन से तो सब भाँति बिलग तुम
लेकिन मन से दूर नहीं हो।

रचते-रचते चित्र उड़े रंग,
शब्द थके लिख-लिख परिभाषा,
गढ़-गढ़ मूरत माटी हारी,
ख़त्म न लेकिन खेल-तमाशा,

कब तक और छिपोगे बोलो,
अब तो मंदिर के पट खोलो,
भले भजन से दूर मगर तुम
हठी रुदन से दूर नहीं हो !

तन से तो सब भाँति बिलग तुम
लेकिन मन से दूर नहीं हो !

पाती तक न पठाई

ऐसी सुधि बिसराई
कि पाती तक न पठाई !

बरखा गई मिलन-ऋतु बीती,
घोर घटा घहरी मन-चीति,
पर गागर रीती की रीती,

अधरों बूँद न आई
प्यास से प्यास बुझाई !

ऐसी सुधि बिसराई
कि पाती तक न पठाई !

रोज़ उड़ाए काग सबेरे,
रोज़ पुराए चौक-घनेरे,
कभी अँधेरे, कभी उजेरे,

पथ-पथ धूल रमाई
हुई सब लोक हँसाई !

ऐसी सुधि बिसराई
कि पाती तक न पठाई !

बहकी बगिया, महकी कलियाँ,
गूँजे आँगन, झूमी गलियाँ,
खुलीं न मेरी किंतु किवरियाँ,

साँकल कौन लगाई
कि खोलत उमर सिराई !

ऐसी सुधि बिसराई
कि पाती तक न पठाई !

मन की कुटिया सूनी-सूनी
देह बनी चंदन की धूनी,
बहुत हुई प्रिय ! आँख-मिचौनी,

अब तो हो सुनवाई,
सुबह संध्या बन आई !

ऐसी सुधि बिसराई
कि पाती तक न पठाई !

मुझे तुम भूल जाना

भूल पाओ तो मुझे तुम भूल जाना।

साथ देखा था कभी जो एक तारा,
आज भी अपनी डगर का वह सहारा,
आज भी हैं देखते हम तुम उसे पर
है हमारे बीच गहरी अश्रु-धारा,
नाव चिर जर्जर नहीं पतवार कर में,
किस तरह फिर हो तुम्हारे पास आना।
भूल पाओ तो मुझे तुम भूल जाना।।

सोच लेना पंथ भूला एक राही,
लख तुम्हारे हाथ में मधु की सुराही,
एक मधु की बूँद पाने के लिए बस,
रुक गया था भूल जीवन की दिशा ही,
आज फिर पथ ने पुकारा जा रहा वह,
कौन जाने अब कहाँ पर हो ठिकाना,
भूल पाओ तो मुझे तुम भूल जाना।।

चाहता है कौन अपना स्वप्न टूटे ?
चाहता है कौन पथ का साथ छूटे ?
रूप की अठखेलियाँ किसको न भातीं,
चाहता है कौन मन का मीत रूठे?

छूटता है साथ, सपने टूटते पर
क्योंकि दुश्मन प्रेमियों का है ज़माना।
भूल पाओ तो मुझे तुम भूल जाना।।

यदि कभी फिर हम मिलें, जीवन-डगर पर,
मैं लिए आँसू लिए तुम हास मनहर,
बोलना चाहो नहीं, तो बोलना मत,
देख लेना किंतु मेरी ओर क्षण-भर,
क्योंकि मेरी राह की मंज़िल तुम्हीं हो,
और जीने का तुम्हीं तो हो बहाना।
भूल पाओ तो मुझे तुम भूल जाना।।

साँझ जब दीपक जलाएगी गगन में,
रात जब सपने सजाएगी नयन में,
पी कहाँ जब-जब पुकारेगा पपीहा,
मुस्कराएगी कली जब-जब चमन में,
मैं तुम्हारी याद कर रोता रहूँगा,
किंतु मेरी याद कर तुम मुस्कराना।
भूल पाओ तो मुझे तुम भूल जाना।।

रोज़ ही नभ में घिरेंगे प्यार के घन,
रोज़ फूलेंगे-फलेंगे रूप के वन,
रोज़ कलियों के उठा घूँघट शराबी,
गुनगुनाएगा मदिर मधुमास गुन-गुन,
फूल-कलियाँ वे वही सब कुछ रहेगा,
पर न गाएगी कभी बुलबुल तराना।
भूल पाओ तो मुझे तुम भूल जाना।।

भूल जाना किस तरह संग-संग तुम्हारे,
छाँह बनकर मैं रहा संध्या-सकारे,

सोचना मत किस तरह मैं जी रहा हूँ,
चल रहा हूँ किस तरह सुधि के सहारे,
किंतु इतनी भीख तुमसे माँगता हूँ,
यदि पढ़ो यह गीत इसको गुनगुनाना।
भूल पाओ तो मुझे तुम भूल जाना।।

अब सहा जाता नहीं

अब तुम्हारे बिन नहीं लगता कहीं भी मन—
बताओ क्या करूँ ?

नींद तक से हो गई है आजकल अनबन—
बताओ क्या करूँ ?

धूप भाती है न भाती छाँव है,
गेह तक लगता पराया गाँव है,
और इस पर रात आती है बहुत बनठन—
बताओ क्या करूँ ?

चैन है दिन में न कल है रात में,
क्योंकि चिड़-चिड़ कर ज़रा-सी बात में,
हर ख़ुशी करने लगी है दिन-ब-दिन अनशन—
बताओ क्या करूँ ?

पर्व हो या तीज या त्योहार हो,
हो शरद हेमंत या पतझार हो,
हो गई हैं सब धुनें इकबारगी बेधुनें—
बताओ क्या करूँ ?

तन मचलता है लजीली बाँह को,
मन तड़पता है अलक की छाँव को,
लौटकर फिर आ गया है प्रीति का बचपन—
बताओ क्या करूँ ?

वक्ष जिस पर सिर तुम्हारा था टिका,
होंठ जिन पर गीत तुमने था लिखा,
हैं सुलगते आज यूँ छिन-छिन कि ज्यों ईंधन—
बताओ क्या करूँ ?

यह उदासी यह अकेलापन सघन
यह जलन यह दाह यह उमड़न, घुटन,
अब सहा जाता नहीं यह साँस का ठनगन—
बताओ क्या करूँ ?

मैं पीड़ा का राजकुँवर हूँ

मैं पीड़ा का राजकुँवर हूँ, तुम शहज़ादी रूप नगर की
हो भी गया प्यार हम में तो बोलो मिलन कहाँ पर होगा ?

मीलों जहाँ न पता ख़ुशी का
मैं उस आँगन का इकलौता,
तुम उस घर की कली जहाँ नित
होंठ करें गीतों का न्योता,
मेरी उमर अमावस काली और तुम्हारी पूनम गोरी
मिल भी गई राशि अपनी तो बोलो लगन कहाँ पर होगा ?
मैं पीड़ा का···

मेरा कुर्ता सिला दुःखों ने
बदनामी ने काज निकाले
तुम जो आँचल ओढ़े उसमें
नभ ने सब तारे जड़ डाले
मैं केवल पानी ही पानी, तुम केवल मदिरा ही मदिरा
मिट भी गया भेद तन का तो मन का हवन कहाँ पर होगा ?
मैं पीड़ा का···

मैं जन्मा इसलिए कि थोड़ी
उम्र आँसुओं की बढ़ जाए
तुम आई इस हेतु कि मेहँदी
रोज़ नए कंगन जड़वाए,

तुम उदयाचल, मैं अस्ताचल, तुम सुखांतकी, मैं दुखांतकी
जुड़ भी गए अंक अपने तो रस-अवतरण कहाँ पर होगा ?
मैं पीड़ा का...

इतना दानी नहीं समय जो
हर गमले में फूल खिला दे,
इतनी भावुक नहीं ज़िंदगी
हर ख़त का उत्तर भिजवा दे,
मिलना अपना सरल नहीं है फिर भी यह सोचा करता हूँ
जब न आदमी प्यार करेगा जाने भुवन कहाँ पर होगा ?
मैं पीड़ा का...

तुम ही नहीं मिले जीवन में

पीड़ा मिली जनम के द्वारे अपयश पाया नदी किनारे
इतना कुछ मिल गया एक बस तुम ही नहीं मिले जीवन में।

हुई दोस्ती ऐसी दुःख से
हर मुश्किल बन गई रुबाई,
इतना प्यार जलन कर बैठी
क्वाँरी ही मर गई जुन्हाई,
बगिया में न पपीहा बोला, द्वार न कोई उतरा डोला,
सारा दिन कट गया बीनते काँटे उलझे हुए वसन में।
पीड़ा मिली जनम के द्वारे···

कहीं चुरा ले चोर न कोई
दर्द तुम्हारा, याद तुम्हारी,
इसीलिए जगकर जीवन-भर
आँसू ने की पहरेदारी,
बरखा गई सुने बिन वंशी औ' मधुमास रहा निरवंशी,
गुज़र गई हर रितु ज्यों कोई भिक्षुक दम तोड़ दे विजन में।
पीड़ा मिली जनम के द्वारे···

घट भरने को छलके पनघट
सेज सजाने दौड़ी कलियाँ,
पर तेरी तलाश में पीछे,
छूट गईं सब रस की गलियाँ,

सपने खेल न पाए होली, अरमानों के लगी न रोली,
बचपन झुलस गया पतझर में, यौवन भीग गया सावन में।
पीड़ा मिली जनम के द्वारे···

मिट्टी तक तो रुँदकर जग में
कंकड़ से बन गई खिलौना,
पर हर चोट ब्याह करके भी
मेरा सूना रहा बिछौना,
नहीं कहीं से पाती आई, नहीं कहीं से मिली बधाई
सूनी ही रह गई डाल इस इतने फूलों भरे चमन में।
पीड़ा मिली जनम के द्वारे···

तुम ही हो जिसकी ख़ातिर
निशि-दिन घूम रही यह तकली
तुम ही यदि न मिले तो है सब
व्यर्थ कताई असली-नकली,
अब तो और न देर लगाओ, चाहे किसी रूप में आओ,
एक सूत-भर की दूरी है बस दामन में और कफ़न में।
पीड़ा मिली जनम के द्वारे···

□□